HECHIZOS DE LA MENTE

Horacion Jaramillo Loya

HECHIZOS DE LA MENTE

EDAMEX α futuro

Título de la obra:
Hechizos de la mente

D. R. © En el 2000 por Best Seller S de RL y Horacio Jaramillo

Cuarta edición
© Editorial Alfa Futuro S.A. de C.V., Noviembre 2009
Pestalozzi, 810-1 Col. Narvarte
México D.F., C.P. 03020
www.alfafuturo.com.mx

EDAMEX es una marca propiedad de Editorial Alfa Futuro S.A. de C.V.

Miembro de la Cámara Nacional
de la Industria Editorial No. 3566
ISBN: 978-607-7886-13-6
Diseño de portada: TYPE

Características tipográficas aseguradas conforme a la ley.
Prohibida la reproducción parcial o total de la obra por cualquier medio
sin autorización por escrito de los Editores.
Impreso y encuadernado en México.
Printed and bound in Mexico

Índice

CAPÍTULO I
La mente es como una cámara fotográfica................... 15
Los filósofos y la mente................... 15
La mente humana y la cámara fotográfica perfecta................... 17
Los fugados del museo y de la historia................... 19
Los demás solamente captan de
nosotros una impresion................... 21

CAPÍTULO II
La cámara descompuesta................... 23
A veces los radiadores y las cámaras
captan lo que no existe................... 24
El subjetivismo exagerado pretende lo imposible................... 26
Aplicaciones al desarrollo personal................... 27
Una reflexión final................... 28

CAPÍTULO III
La cámara de fotografías condicionada................... 31
La cámara condicionada................... 32
De nada me sirve el amor, si en mi cabeza
Flotan las ideas de que nadie me quiere................... 33
El caso de gelasio y los test mentales................... 34
No es la realidad lo que me hace reaccionar
sino lo que pienso de la realidad................... 37
Una sugerencia y una conclusión................... 38

CAPÍTULO IV

La mente es Hechizable 39
El problema de las langostas y las sepientes 40
La cabeza llena de serpientes 41
El ratón miedoso 42
La cabeza llena de mangostas 43
Las proporciones de mangostas y serpientes 46
La mala educación y la informacion de las serpientes 47
El segundo objetivo de la educación 48
El tercer objetivo de la eduación 48
Conclusion final 49

CAPÍTULO V

La mente y la jaula de pájaros 51
La jaula de los pájaros y la mente 51
La mente ocupada 53
Tres tipos de pájaros dentro de la jaula 54
1. Los pájaros de la especie de los zanatlis 54
2. Las aves de carroña 55
3. Las aves de ornato 55
Reflexion final 56
El soldado olvidado en una isla 57
El caso de nobunaga 57

CAPÍTULO VI

El espejo y la mente 61
La mente y el espejo 62
La caida de los amigos y los héroes de pies de barro 63
Las consecuencias del espejo manchado 64
Los racismos irracionales y las
discriminaciones sociales 66
Una reflexión 66

La quema de brujas 67
Conclusion final 67

CAPÍTULO VII
Los focos verdes y el hechizo de la mente 71
Los focos verdes y la mente 73
Aplicación de los focos verdes a la
formación familiar y grupal 75
Equilibrio de luces rojas y verdes 76
El caso del telefono húmedo y el niño malcriado 76
Primer momento educativo 77
Segundo momento eduacativo 77
Reflexión final 78

CAPÍTULO VIII
La realidad no enferma, la mente si. 81
Los monos de Harlow 81
La maldad de las expectativas 83
Las preocupaciones son inutiles 84
La bondad de las expectativas 85
La expectativa genial: El viaje a Itaca 86

CAPÍTULO IX
La camisa de fuerza invisible 89
Si esto acontece con la leña verde;
¿Que sucederá con la seca? 90
Los fatidicos pasos de las suposiciones 92
El oso enjaulado. La Barracuda 94
El caso de la Barracuda 95
Reflexión final 96

CAPÍTULO X

El cambio y los cinco perdones. Perdón a
los demás y al cuerpo personal. 97
El perdón como ejercicio de la libertad
más que otra cosa 98
El perdón religioso y el perdon pscológico 99
Primera limpieza mental; el perdón
psicologico a los demas 101
El resentimiento y la jaula interior 102
La gran pregunta sobre el perdón 102
Segundo perdón psicológico; el cuerpo 103
El odio contra el cuerpo 104
La aceptacion de la realidad 104

CAPÍTULO XI

El pasado, la vida y los padres. Tercer perdon
Psicologico. El pasado 107
La importancia del tiempo 108
Una aplicación concreta 109
Cuarto perdón psicologico. La vida 110
El doble de nosotros mismos 111
Quinto perdón psicológico. Los padres 112
Reflexión final 112

CAPÍTULO XII

El cochero y la mente 115
La mente y el cochero 115
Lo que le sucedío al cochero cuando murío 119
La gran pregunta que no puedo responder
el cochero: ¿Quien soy? 121

La diferencia entre el cochero y el amo 121
Un detalle: En la realidad de la mente
ve patrias, y la sabiduria ve mundo 122
El amor 122
El carruaje 123
una reflexion final 123

CAPÍTULO XIII
La mente y la llave de agua 125
La llave de agua y la mente 126
La comparación con la llave 126
El verdadero control 127
El problema de la inseguridad y la llave de agua 128
Las siete formulas de la represión de la mente 129
Primer mecanismo defensivo: la represión 130
Segundo mecanismo defensivo: La racionalización 131
Tercer mecanismo defensivo: La proyección 132
Cuarto mecanismo: La formacion ractiva 132
Quinto mecanismo: El desplazamiento 133
Sexto mecanismo: La substitución 134
Séptimo mecanismo: La sublimación 134
Una aplicación concreta 135
Los tres termometros 135
Primer termometro 135
Segundo termometro 136
Tercer termometro 136
Una reflexion final 137

CAPÍTULO XIV
La mente y la religiosidad 141
La esencia de la religiosidad 142
El inventor del fuego 143

Los tres tipos de religiosidad 146
Las creencias y el reflejo de la luna 146
La religiosidad de la riqueza 147
Como funciona la religiosidad de la riqueza.......................... 148
La religiosidad de la pobreza 150
La religiosidad madura: Dios siempre 151
Mayor a lo que pensamos 151
Las caracteristicas de la religiosidad madura......................... 152
La leyenda de san dimitri.. 152
Tres interpretaciones 153
Conclusión 154
El rompimiento del hechizo 155
El zorro y el tigre: los dos hechizos.. 156

INTRODUCCIÓN

Este libro parte de la idea de que la mente tiene una serie de características raras que la hacen difícil de manejar y controlar. La mente es insaciable, curiosa, sugestionable, inconforme. Olvidadiza y terca hasta la obsesión. La mente es domesticable, y adontrínable y juntamente cuenta con elementos para elevar al ser humano hasta los niveles más altos de la creatividad y la realización.

En otras palabras, la mente puede ser un taller de ángeles y de diablos, puede estar al servicio del alma o igualmente puede convertirse en su tortura y su verdugo.

Todo está en conocerla, amarla, controlarla, dirigirla así como se hace con un niño difícil, pero de grandes cualidades.

Este libro contiene para todo ello las mejores ideas para ayudar a la mente a lograr su mejor funcionamiento, lejos de perturbaciones.

Tiene sus detalles como avis rara por ejemplo: a la mente le encanta lo verosimil, se asusta con las verdades duras de aceptar, por ellos muchas veces cae en errores, puesto que lo verosimil parece verdad, simula realidad, pero no es ni lo uno, ni lo otro.En este libro encontraras los mejores elementos para hacer buenas programaciones que te ayuden a un funcionamiento pleno...la verdad está en que la mente al servicio del espíritu, es capaz del milagro y de la realización a todos los niveles, amatorio, espiritual, sexal económico y religioso.

Con todo, la mente se entrena, se dirige y se encauza hacia los valores trascendentales a travéz de los métodos que han descubierto los gurús, los iluminados, los místicos y los santos, con elementos como el contínuo de conciencia, el darse cuenta de lo que se está haciendo el mayor numero de veces al dia y el desembarazarla de sentimientos de hostilidad y resentimiento.

Para ellos, entre páginas y capítulos se incluyen las reflexiones que llevan a una contínua toma de conciencia.

En este sentido, lo que se pretende en estas páginas no es redactar un libro sobre la magia, por un lado, y porotro lado, se excluye un libro de abstracciones desligadas de lo práctico y lo concreto.

Tampoco pretendo el redactar un recetario o un libro de casuística sobre la mente perturbada.

Si en contraposición a lo señalado, es un libro para que las personas intenten dejar confusiones, reduzcan el número de otras donde tratan de convencer al otro, en contra de lo que ellos creen, dado que por lo general resulta inútil y agotador.

Más vale, para darse cuenta que el problema está dentro de uno y que un buen trabajo de crecimiento consiste en cuestionar todo lo que pasa por ella para desecar lo malo, y mantener en reserva lo bueno.

En pocas palabras, este libro es para ayudar a que el lector cierre los malos caminos, se aparte de brechas que no conducen al control y abandone las rutas y avenidas que van directo a la demencia... la clave para lograrlo se resume en tres palabras, conciencia, conciencia y conciencia.

Con todo, el libro está escrito con sencillez, más allá de la jerga propia de la academia. Así es igual a la par de profundo. Lo escribo con la esperanza de que algo te ayude en la búsqueda de la conquista de ti mismo.

CAPÍTULO I

La mente es como una cámara fotográfica.

La mente es impresionable y sensible como los rollos negativos de la Kodak o de la Fuji, porque van captando las cosas de afuera en alguna forma, pero algo pasa en los registros internos humanos porque si dos mentes están frente a las mismas realidades, la primera registra unos ángulos mientras que la segunda capta otros. Algo así, como si dos cámaras fotográficas apuntadas y dirigidas frente a un perro, la primera captara un gato, y la segunda un conejo, o reduciendo la exageración, la primera captase los colmillos del hocico abierto, mientras que la otra registrase el pelambre o la cola. El caso siguiente, es el que estamos en un continuo conflicto de epistemología, sobre las posibilidades de la mente respecto a la captación de la realidad.

LOS FILÓSOFOS Y LA MENTE

Desde siempre se ha planteado en la filosofía, el problema de qué tanto la cabeza humana puede reproducir la realidad, con objetividad manifiesta, pero, principalmente el problema nos llega refrescado con el idealismo alemán capitaneado por Emmanuel Kant, en su crítica de la razón pura, y el problema de los inicios sintéticos a priori.

Leyendo al genial pensador alemán, se me fueron clavando fuertemente los cuestionamientos sobre la fidelidad de la cabeza en la reproducción de la realidad, pero se me robusteció la fe en la humanidad respecto a la sinceridad de sus pensamientos y de sus conciencias aunque fuesen diametralmente opuestos a los que yo había aprendido de niño. Por fin pude entender, que todos los credos y todas las ideologías tenían su razón de ser, sus razones y sus explicaciones válidas, y se terminaron quizá para siempre, mis tendencias apologéticas y la reverencia a los dogmas. En esos momentos me fui convirtiendo en ciudadano del mundo y pude pronunciar aquel aforismo referido a Aristóteles: Amicus Plato, sed magis ámica Veritas... (Platón es amigo mío, pero mucho más amiga es la verdad). Y me abrí a otros mundos intelectuales que antes me había prohibido a mí mismo por miedo a que otras verdades acabaran con mis paredes de naipes, donde me refugiaba lleno de inseguridades. La verdad campeaba en todos los credos, en todas las ideologías en una o en otra forma, y ninguna de ellas la poseía con título de propiedad privada, y con derechos de exclusividad. Por primera vez bendije las heterodoxias, y dejé de sentirme el único ortodoxo vivo, y renuncié a un título absurdo que de niño me había auto-otorgado de defensor e instructor universal del género humano en cuestión de verdades, realidades y credos. Kant, me impactó con el planteamiento de las ideas a priori, enclavadas en el mecanismo del conocer, en forma tal, que ya todo lo que pasase por esa máquina, pasaría marcado y en alguna forma distorsionado por los sellos y enmarcamientos de las ideas de espacio, y tiempo, mundo, ser, etc. Algo parecido a una tela blanca que para poder salir del telar, debiese pasar por unos mecanismos que le imprimen forzosamente los colores rojo y, azul del espacio y del tiempo, y sin remedio al momento de llegar a la mesa de salida, la tela blanca en un principio, solamente es conocida como roji-azul, y por lo tanto distorsionada por la máquina de fabricación. En efecto, antes de que tengamos ninguna experiencia de las cosas ya llevamos, a priori, las ideas de espacio y de tiempo, dentro de las cuales enmarcamos todas las experiencias que vamos teniendo.

En íntima relación con el problema filosófico de las posibilidades de la mente para llegar a la captación objetiva de la realidad, esquematizo si se quiere, simplificando el problema a través de la comparación de la mente con una cámara fotográfica.

LA MENTE HUMANA Y LA CÁMARA FOTOGRÁFICA PERFECTA

Bajo la comparación de la mente como cámara fotográfica perfecta, coloco a las corrientes del realismo exagerado, capitaneadas en alguna forma por la filosofía aristotélica y la escolástica rígida iniciada por el genial Tomás de Aquino. Las personas antiguas y actuales, que piensan que la cabeza puede captar la realidad en forma objetiva, precisa, igual, son las clásicas personas pretenciosas y dogmáticas de todos los tiempos, que insisten en la imposición, y adoctrinamiento de sus creencias e ideologías a los demás, haciendo verdaderos transplantes ideológicos sobre los educandos, y verdaderos esfuerzos por exportar a otras regiones las verdades que ellos captan como únicas, como universales, como inmutables y finalmente como absolutas.

Precisamente en relación con esta sobrevaloración de la mente y de la cámara fotográfica, se da en ellos una actitud de censores del género humano, y por lo mismo, dividen la gente en dos grandes bloques; El primero: En este bloque están los santos, los héroes, los buenos, los de buena fe, los rectos, los ortodoxos, los sinceros, porque son los que comparten su mismísima visión del mundo, su misma comogonía, y sus mismas creencias. El segundo: En este bloque están los de mala fe, los equivocados, los incultos, los heterodoxos, los desviados, los adversarios, los paganos, los que merecen castigo, represión, cárcel y hoguera, porque en sus cámaras fotográficas, ellos, ven ángulos distintos de la realidad, captan otros credos, otras verdades distintas a las de los primeros y eso no puede ser, porque si así fuese, querría decir, que las cámaras fotográficas y las mentes no son tan perfectas, y esto es inadmisible, ya que la premisa no probada, es que la cámara fotográfica es perfecta.

Esta postura filosófico-religiosa prevaleció fuertemente en forma oficial hasta la edad media, donde se fraguó uno de los tipos de hombre más soberbio, más tirano que en la época moderna, porque estaban seguros que lo que ellos veían en sus mentes, en sus rollos de fotografía, tenía que ser exactamente lo mismo que salía en los rollos de los paganos, de los judíos, de los protestantes, de los hugonotes etc., y por lo tanto si esos otros disidentes afirmaban la existencia de verdades distintas y de realidades diferentes a fortiori, debían de estar de mala fe, y merecían el castigo, la expulsión, la cárcel y la fatídica quema en la hoguera.

No eran personas de mala fe. Era el vicio de una cultura que tenían una sobre valoración sobre la llamada objetividad y que cayó en el error garrafal de llamarse clásica, y de ser absolutamente unidimensional. En otras palabras, en toda la edad media principalmente, se concibió la utopía de que la mente podía llegar a la esencia de las cosas, por eso, en su realismo exagerado, quedaban justificadas las guerras, las inquisiciones, la quema de herejes y las torturas de los disidentes. Porque no podía ser posible que mientras las cámaras de los reyes, de los obispos, y de los filósofos oficiales captaran una manzana, las cámaras de los disidentes, y de los extranjeros captaran un limón, o una naranja.

Eso no podía ser cierto, ni válido, y debía castigarse para salvar la hipótesis de la cámara perfecta y universal para todo el orbe.

Por estas razones, le costaba tanto trabajo a los conquistadores coloniales, el encontrarse con pueblos cultos y avanzados, como los más grandes de las culturas europeas, que captaban realidades sobre la vida y sobre Dios en forma angularmente opuesta a la que ellos veían.

Fue un golpe cultural enorme para la Europa de estos siglos, el constatar que los indios estaban dispuestos a pagar con sangre hasta la muerte, el defender sus creencias y sus ideologías, y sus principios divinos, mientras que los conquistadores estaban dispuestos a morir por los principios opuestos. Los indios estaban captando en sus fotografías mentales, que los dioses pedían legítimamente el sacrificio de doncellas, y que sólo se calmaban en sus iras, con el corazón fresco de ellas, o inclusive de héroes y de niños, mientras que los conquistadores captaban que los sacrificios humanos eran pecado contra la naturaleza universal y que iban directamente contra el quinto mandamiento del decálogo.

LOS FUGADOS DEL MUSEO Y DE LA HISTORIA

Existen personas anacrónicas, fugadas de algún museo, y de la Historia, que pretenden conocerlo todo, saberlo todo, sin posibilidad de equivocarse.

Sus pretensiones orgullosas y narcisistas son de tal alcance que no dan ninguna posibilidad a que los otros: los hijos, los vecinos, la esposa, los maestros, de puntos de vista distintos y contrarios a los suyos, puedan tener un céntimo de razón. Son personas narcisistas que esconden su inseguridad atrás de sus posturas dogmatistas, y de sus sentimientos de coraje y de rabia en contra de los que fotografían el mundo con distintos ángulos a los que ellos han captado.

Son personas que sin darse cuenta, lo juzgan todo, lo critican y lo destruyen exactamente igual a como lo hacían los antiguos legisladores, los viejos inquisidores y los eternos fariseos de siempre que se reencarnan una y otra vez en los círculos del espacio y del tiempo. Estos humanos creen conocer perfectamente a los otros, y definen al otro como si pudiesen ver con rayos X la esencia de su alma, y de un golpe de vista pudiesen conocer los recovecos de su corazón y los misterios de su pensamiento. Mira, -dicen-, lo que pasa es que fulano es un tonto y mengano, un patán, y perengano un inculto porque dijo esto, y porque hizo lo otro.

Curiosamente, como venimos diciendo, sus juicios peyorativos son exclusivamente para los que piensan en sentido opuesto a lo que ellos ven, o sea contra las personas del segundo grupo, según las divisiones dualistas que hacen de la realidad y de las personas. Mientras que sus juicios benévolos, aduladores, y congraciantes, son para los que piensan y registran la realidad en los mismos términos que la captan ellos. En otras palabras, redundando con más de lo mismo, la historia se repite y se repite, cansada de inventar, porque las mismas actitudes del mundo medieval reaparecen en gente que se dedica a diagnosticar y a etiquetar a los demás rogándole a Dios el privilegio de juzgar y de interpretar el corazón humano. Sin embargo, los tiempos han cambiado, y la humanidad ya ha despertado suficientemente, para rescatar de los medievalistas la arrogancia y la pretensión narcisista de que existan personajes que puedan conocer el alma humana, en forma tal, que la puedan diagnosticar, enmarcar en cartabones psicológicos, económicos y sociales.

Yo pienso que es un derecho humano, logrado desde la revolución francesa, para ubicar un espacio y un tiempo, que nos permite a nosotros mismos, más allá de lo que los demás puedan opinar acerca de nosotros. Creo, por lo mismo que debemos reservarnos este derecho de explicarnos a nosotros mismos, cada quien desde su historia personal, sin que nadie invada sus fronteras psicológicas para definir lo que se gesta en lo sagrado de su conciencia, lugar respetado hasta por Dios. Porque los demás, sólo ven de nosotros un poco, ya que solamente captan de nosotros algunas impresiones, con las cuales nos juzgan para bien o para mal.

LOS DEMÁS SOLAMENTE CAPTAN DE NOSOTROS UNA IMPRESIÓN

En relación cercana con todo lo que hemos venido apuntando sobre la cámara fotográfica perfecta, del realismo exagerado, se explica perfectamente por qué hace cinco siglos, se legislaba tan duramente, y se diagnosticaba tan rápidamente las conductas y las intenciones de los humanos. Sencillamente porque vivían en círculos de ignorancia generalizada, ya que la vida se movía lenta y a veces parecía que se estancaba dentro de los paredones de los castillos feudales, sin que se moviera el tiempo. La gente no sabía leer ni escribir, las personas, no tenían televisiones ni periódicos para sentir la dinámica de la Historia Universal. Si había guerra a 500 kms. de distancia, tardaban meses y años en enterarse.

La vida humana duraba máximo treinta años, y todos vivían asolados por las pestes, las enfermedades, las guerras, los ataques feroces de animales. La gente prefería no salir de sus castillos feudales, ya que por las calles rondaba, el malhechor, el lobo y la serpiente en las oscuridades de días cortos que terminaban a las seis de la tarde y comenzaban al amanecer porque no tenían alumbrados públicos, ni vigilancia segura. En las universidades apenas si contaban con papiros y pergaminos escasos, y los hombres cultos de la época contaban con dos o tres libros. Por eso se dice que ahora un niño, con tres minutos de televisión reúne más conocimientos que Aristóteles con todos sus tratados dc antología, y de epistemología. El hombre medieval, por todas estas circunstancias, y por todos estos condicionamientos, pretendía conocer la esencia de las cosas y las últimas intenciones por las cuales los hombres movían sus conductas. Tenían forzosa y también condicionalmente, que creer que su mente captaba la realidad objetiva.

Tenían casi obligadamente que creer la impresión de que la mente era como una cámara fotográfica perfecta. Pero, todos confirmamos que la mente es más bien un receptor muy imperfecto, que continuamente nos engaña y nos mete en muchos problemas porque solamente capta impresiones, y más impresiones que no necesariamente conllevan la esencia de las cosas y de las personas conocidas. Sencillamente, si conociéramos la esencia de los demás, y no tuviésemos más que meras impresiones, jamás se nos derrumbarían los sentimientos de las personas que adoramos o que odiamos, ya que cuando estamos llenos de amor por alguien o repletos de admiración, basta que a esa persona, la veamos en un baile, dando tumbos entre las mesas, por exceso de alcohol, para que se nos caiga el corazón hasta el suelo. Basta una impresión negativa de los demás para que dejemos entrar al recinto de la conciencia, para que nos cambie radicalmente la imagen que teníamos de ese alguien, porque no tenemos sino impresiones.

Los demás no nos conocen, simplemente, toman una impresión de nosotros que les agrada, o les desagrada y hacen un mito de amor o de odio acerca de nuestra persona. Se quedan allá afuera con la impresión, y nosotros dentro de las paredes de nuestra casa podemos hacer miles de cosas contrarias a la impresión que ellos se grabaron de nosotros, y sin embargo, como vieron lo que hicimos, seguimos existiendo según la impresión primera. ¿A poco no tiramos del pedestal de la admiración a la persona que tenemos como buena, si la vemos en la esquina de la calle dándole dos bofetadas a un niño pobre?. ¿A poco no pensamos casi inmediatamente que nuestro amigo es excelente, cuando se acuerda de nosotros en el día de nuestro cumpleaños?.

CAPÍTULO II

La cámara descompuesta.

En el capítulo anterior vimos las tendencias de las personas que caían peligrosamente en el realismo exagerado con pretensiones arrogantes y narcisistas, que los llevaban a juzgar a todos y a todo, como si conociesen las esencias de las cosas y las causas del corazón humano, en las intenciones por las cuales los hombres actúan como actúan.

En este segundo capítulo, vemos una posición opuesta y a la vez complementaria, por que encontramos que las personas que abusan del subjetivismo, y se basan en todo, en el yo creía que, es que yo así veo las cosas, es que a mí no me importa cómo vean los demás las cosas, yo simplemente las veo como puedo y basta, están afirmando implícitamente que la mente humana no tiene posibilidad de llegar a la objetividad de la realidad, y que la cámara fotográfica está descompuesta, ya que cada quien fotografía lo que puede y lo que quiere, y no toma para nada en cuenta los objetos de la realidad que exigen ser vistos y registrados dentro de los negativos de cada quien para que exista un orden, una conciliación de puntos de vista, un consenso de opiniones, una moral común, y una naturaleza de las cosas que funde una base a la que todos estemos sujetos y sepamos a qué atenernos.

Sencillamente, no todo se vale, y existe a fuerza, una forma de ser humano, basada en una naturaleza inmutable que modeló los valores que siguieron; Hornero, Cicerón, Virgilio todas las antiguas culturas y las modernas... Non data sed nata Lex, como bellamente escribió Cicerón en el libro a favor de Milon. No una ley dada, sino innata en la naturaleza de todos los hombres y las mujeres.

En este segundo grupo se ve la tentación del narcisismo, pero con matices distintos: la falta de compromiso con los demás, la evasión de las responsabilidades sociales y la huida sistemática del conflicto personal. Y es claro, como puede verse que aquí van incluidos los subjivistas exagerados que afirman que todo en la vida es válido, que el deseo y el capricho, y la propia forma de ver las cosas, está por encima de los derechos y de las necesidades ajenas... ¡Qué quieres, así soy yo! ¡Qué esperabas, ésta es, mi particular forma de ser! ¿Qué te sorprende?, ¡Solamente hago lo que a mí me pega en gana, y exclusivamente soy seguidor de mis deseos! Y que ruede la bola. Eso tristemente: para bien o para mal, que gire la rueda. En corroboración con esto, existen cada vez más, en número creciente, personas que niegan la objetividad de los valores y las ideas universales porque se rigen exclusivamente con lo que su cabeza les da, sin preocuparse de lo que los sabios, los desarrollados han captado en las suyas para tomarlos como puntos de referencia.

A VECES LOS RADARES Y LAS CÁMARAS CAPTAN LO QUE NO EXISTE

Siguiendo por el mismo camino, observamos que resultaría temerario regirse exclusivamente por lo que capta nuestra mente al ponerla en contacto con ciertas situaciones extramentales, como sería absurdo que un controlador de radares, lanzara la alerta roja, porque vio en las pantallas de fluoruro de sus receptores algunos puntos negros, que él superficialmente los interpreta como cohetes enemigos con la intención de destruir la patria. El radar está captando algo, sí existe una estimulación en el celuloide del rollo de la cámara fotográfica, pero, queda otro problema por resolver: la decodificación del mensaje, la clarificación de lo que se está manifestando, y la interpretación de lo que se está recibiendo. Y la razón de calificar como temeraria la actitud de: «veo señales en mi radar», por lo tanto, concluyo que el cielo está vibrando de cohetes enemigos, es que los puntos negros que aparecen entre las coordenadas verdes de las pantallas de las computadoras, pueden estar formadas por aviones de navegación civil o comercial, o sencillamente porque un zopilote se paró, allá arriba, en la punta de la antena parabólica. El caso, es que puede haber muchas explicaciones, que deben ser descartadas antes de aceptar como verdadera, una de las hipótesis.

De esta misma opinión es el maestro Erieh Kromm, cuando explica bellamente en su libro La revolución de la esperanza, que las computadoras, supuestamente tan perfectas en su tecnología, han estado dos veces ciertas de que Rusia le ha declarado la guerra a los Estados Unidos, por la interpretación de puntos negros en las pantallas de los laboratorios espaciales de la Nasa.

Uno de los momentos cruciales donde se equivocaron las computadoras, fue el caso del hundimiento del barco Pueblo, y otro, el hundimiento del Liberty. En estos dos casos de interpretaciones electrónicas apresuradas, lo único que salvó a la humanidad de una catástrofe y de un fatal genocidio, fue la comunicación directa de los dos mandatarios a través de la línea roja que une telefónicamente a la Casa Blanca con el Kremlin.

En reforzamiento de las ideas anteriores y con el apoyo de la metáfora, me parece que los defensores del subjetivismo exagerado tendrían la tentación de afirmar que la cámara fotográfica colocada frente a una manzana, tendría la posibilidad de captar un limón ácido, y que sería igualmente válido, aunque el intento de la cámara fuese el de retratar la manzana, porque en el relativismo subjetivista, se da una exagerada valoración a la libertad, y se menosprecian los límites que ponen las esencias y las naturalezas de las cosas a las libertades humanas. No es válido para la mente, ir en contra los límites del estómago, insistiendo en que existe una libertad tal que aunque el estómago sea inyectado con ácido sulfídrico, no debe experimentar malestar ni perforaciones por úlceras. Es absurdo pretender que existe una libertad en contra de los límites que ponen las naturalezas de las cosas. Existen realidades que deben ser captadas tal cuales ellas son en sí mismas, y éstas exigen fidelidad a las mentes humanas de los rumanos... los rusos, los ingleses, los ateos, los budistas, y los cristianos, donde quiera que se encuentren, en espacios y en épocas. El estómago, está hecho de tal naturaleza, que me impone unas características que debo registrar, acatar y respetar para poder hacerle bien, y el evitar su destrucción. La realidad de cada cosa tiene de origen un instructivo de uso, y éste debe ser seguido fielmente por la cabeza, más allá de todo subjetivismo, y de todo intento de relativizaciones.

En palabras llanas y sencillas, el estómago, me impone irrefragablemente, la forma en que debe de ser alimentado. Exige leche y miel para sentirse bien, y repudia los ácidos leves y violentos, en forma tal, que protesta con ulceraciones a lo largo y a lo ancho de todas las mucosas de sus paredes.

EL SUBJETIVISMO EXAGERADO PRETENDE LO IMPOSIBLE

Si no se acepta la naturaleza humana como la base y la mata de los valores universales, inmutables, trascendentes y objetivos para toda la mente humana, la vida se hundiría en el caos, y las relaciones humanas quedarían gobernadas por la ley de la selva, donde el más fuerte y el más poderoso determinarían lo que es bueno, y lo malo para todo el resto de la comunidad. Es decir, se viviría en la anarquía, y las personas caminarían por vías de irracionalidad, siguiendo las huellas del absurdo. Por ejemplo, en un vuelo de imaginación, el amante podría insistir a su amada que estuviese feliz, porque en el día de su cumpleaños recibiese del novio, un escorpión como regalo, en vez de un anillo de oro, o una pulsera de perlitas. Como si la naturaleza del escorpión, el oro y las perlas, fuese una plastilina transmutable al gusto de la mente. Absurdo, hay cosas que en sí mismas sirven para agradar y otras que sirven para producir ciertas molestias. Continuando en la misma ruta que he propuesto, también resulta cierto que la mente queda condicionada por los aprendizajes de la infancia a ver algunas cosas indiferentes, como buenas o como malas, sin que éstas en sí mismas aparezcan como tales en la realidad. En otras palabras, también resulta que a una indita, pariente de una familia de brujos, puede ser que desde la infancia haya aprendido a captar al escorpión, como un elemento de fuerza divina, y curiosamente, sentirse feliz, cuando los abuelos brujos le prometen el primer arácnido para sus primeros 15 años. Porque también es cierto que la cámara distorsiona ciertos objetos y los capta a través del color de sus lentes. En relación con estas afirmaciones está el refrán popular cargado de sabiduría vieja... Nada es verdad, nada es mentira, todo es del color con que se mira.

APLICACIONES AL DESARROLLO PERSONAL

En la vida no se pretende que las personas hagan que la realidad quepa en sus bolsillos mentales. El objetivo de toda educación sana, consiste en lograr que las personas sean fieles a la realidad antes que a sus caprichos y a sus deseos, y cambien de ésta exclusivamente los elementos que ésta permita cambiar. Es decir, en otras palabras, que la realidad puede compararse a un campo agreste que en alguna forma debe de ser modificado para que se haga un terreno productivo. Se le puede limpiar fumigar, barbechar y surcar para hacer del erial una fracción de paraíso, pero, no se puede ir más allá de ciertos límites y pretender hacer con los terrones piezas de plata para poner una joyería.

Así, la realidad, puede ser modelada hasta que ella misma nos grita el mandato de que la obedezcamos tal cual ella es. La buena educación, por consiguiente, pide que las personas sean reales, objetivas y aumenten su capacidad de aceptación de todo lo que se les vaya presentando: el sufrimiento, el fracaso, la edad, la enfermedad, y las tribulaciones que son parte esencial en el juego de la vida. El objetivo, clarificando lo mismo, no estriba en que las personas se sientan bien, cuando están siendo educadas o ayudadas en sus procesos de crecimiento. Para sentirse bien, existen otras realidades, como los bailes con mariachis, los rones y los ponches de granada. Para crecer sólo tenemos la aceptación de la realidad, la asimilación de lo real, más allá de los subjetivismos.

UNA REFLEXIÓN FINAL

Cuenta la leyenda de aquel hombre ansioso de bienestar y buscador empedernido de la felicidad, que a diario interpelaba a Dios pidiendo el secreto divino para llegar a ser feliz. Dios, digámoslo así, un poco cansado de tantos ruegos, se le manifiesta en sueños y le sugiere que piense bien y pida las tres cosas que más le den felicidad, porque después de esos tres deseos, ya no le volverá a conceder absolutamente nada. El hombre pensó lo mejor que pudo, y como estaba enamorado de una jovencita le pidió al Buen Dios que ya recogiera a su esposa, para poder volverse a casar con su incipiente amor juvenil. Así sucedió. Murió la señora, y el viudo, fue momentáneamente feliz. Sin embargo, en el momento, del sepelio, los parientes, le fueron susurrando al oído, la pena inmensa de haber perdido a tan valiosa mujer, ya que era imposible otra mujer que pudiera amarlo como la difunta. El hombre cayó en la cuenta de esa realidad, y le pidió a Dios el cumplimiento del segundo deseo; que regresase su esposa otra vez a la vida. Y así fue de inmediato; la esposa apareció vestida de blanco y sonriente en la sala, como venida de un viaje largo. Pero, Dios, le advirtió a este hombre que pensara bien el tercer deseo para conquistar la felicidad, ya que después de cumplida la petición última, no tendría más alternativas. Y ahora el recién casado, entró en un verdadero conflicto. ¿Qué pedir para lograr ser totalmente feliz? Dentro de un mar de dudas y de angustias no sabía que pedir, y los amigos se reunieron para aconsejarle la esencia de la felicidad...

Mira, -le sugirieron-, pide dinero a manos llenas para que puedas comprar absolutamente todo lo que te venga en gana, y el hombre caminó rumbo a la iglesia, para pedirle a Dios dinero. Pero, a mitad del camino, otro grupo de amigos cuando se enteraron que iba a pedir dinero, le cambiaron la petición: -No seas tonto, -le corrigieron-, pide mejor salud. ¿Para qué quieres dinero, si no lo gozas con la salud?

Después un tercer grupo le sugirió: No, salud, no. Pide poder. ¿Para qué quieres salud si eres un don nadie?

Sin embargo, todo se complicó porque un cuarto grupo de conocidos le mandó que pidiese el amor, ya que era inútil, tener dinero o salud o poder, si vivía solo, aislado en un círculo de hielo sin amor de fuego.

El hombre desesperado a la entrada de la iglesia, en el atrio, no sabía que pedir y así se lo gritó a Dios postrado de rodillas. Dios lo invitó a entrar hasta el altar, y compadecido, le dijo que se preparara para escuchar el gran secreto de la felicidad que él debía de considerar para su última petición. Y así se comunicó Dios con el buscador del bienestar: Mira, -le fue murmurando dulcemente al oído-, pide una sola cosa serás tan feliz corno las rosas y los pájaros. Pide sencillamente la gracia, la enorme gracia de aceptar gustosamente lo que te ponga la realidad frente a tus ojos, sea lo que sea. Pero insiste en eso: sea lo que sea. Es decir: si la realidad te pone enfermedad, acéptala, si te permite el fracaso; recíbelo, si te llega la frustración; bendícela, si te atacan las traiciones de los amigos; compréndelos, porque solamente en la aceptación total y amorosa de la realidad, se da la felicidad, y eso es lo que Dios quiso manifestarle al hombre ansioso y atribulado, con su mente caprichosa, y su cámara de fotografías, descompuesta.

CAPÍTULO III

La Cámara de fotografías condicionada.

En el capítulo anterior, vimos cómo el subjetivismo exagerado representado en la alegoría de una cámara descompuesta, nos llevaba al caos y al absurdo de las relaciones humanas. Se manifestó suficientemente que no todo se vale en la vida, porque la realidad de las cosas y la naturaleza humana imponen límites y obligaciones que deben ser respetadas por la mente humana. El estómago exige que se le ponga el calificativo de buena a la leche, y el adjetivo de malo a un ácido que le sea impuesto en sus paredes interiores por una mente caprichosa e irresponsable. No todo se vale, y el secreto del crecimiento y de la felicidad está en la aceptación comprensiva y hasta gustosa de toda realidad presente, sea la que sea.

En este capítulo, trataremos de colocar a la mente en la postura intermedia: ni el realismo exagerado, ni el subjetivismo radical. La cámara fotográfica, tiene negativo de calidad, y todos los demás mecanismos para captar la realidad extramental en forma objetiva, pero esta cámara debe antes de limpiar los cristales, de afinar las lentes, y borrar todos los condicionamientos previos, hasta que poco a poco se vaya aproximando a la realidad real.

LA CÁMARA CONDICIONADA

La mente humana, a final de cuentas, puede fotografiar exactitud suficiente, la esencia y las propiedades exactas de la manzana alineada frente a su lente, pero, necesita tiempo, limpieza interior. Dejando la comparación y pasando al análisis de esta tercera posibilidad sobre el funcionamiento de la mente, digo, que la educación, las enseñanzas y los adoctrinamientos que las personas han recibido desde niños, han condicionado su capacidad de captar la realidad, y por eso la distorsionan brusca y finamente, según las violencias y las rigideces en las creencias y en las ideologías a las que fueron sometidos en la infancia primera.

Allí está la manzana roja esperando ser fotografiada por la cámara de la mente, pero no podrá ser registrada con precisión y exactitud objetiva mientras la cámara esté desafocada, y los lentes rayados. Por eso, mucha gente aunque esté frente a la fruta roja, capta cítricos o melones. Muchas veces no es por mala fe, sino porque la mente está subdesarrollada y condicionada por el pasado. Por todas estas razones expuestas, se comprende que los adolescentes capten mil cosas de la realidad que no vemos los adultos y viceversa. por ello resulta válido lo que decíamos en páginas anteriores sobre los conflictos entre los sexos ya que la mujer busca más los aspectos del amor en la relación interpersonal, mientras que los varones, con el amor demasiado cercano se sienten atemorizados, y se especializan en las funciones pragmáticas del vivir, y cada uno en su mar de condicionamientos va captando meras huías aproximadas a la manzana De repente, en el negativo queda grabado un melón o una pera y lleva muchos afinamientos de los lentes del hombre y de la mujer para que unos y otros fotografíen las mismas cosas, las mismas situaciones y las mismas personas.

Clarificando lo mismo con otras palabras, insisto en que la mente si puede captar la verdad y la realidad pero, cada quien a su propio paso, y a su propio ritmo, y con su propio estilo, y curiosamente, las verdades y las realidades no pueden darse nunca independientemente de la mente que las concibe porque de nada sirve que el amor sea un valor, si la hija, condicionada por la pandilla de chicas ligeras, no lo ve como un valor, y será verdad para ellas exclusivamente lo que tengan en la cabeza como verdadero, aunque para otros esas ideas son inmorales Si una jovencita en problemas de desadaptación, y en problemas de conductas, ve en su cabeza que lo bueno es ganar novios al precio de lo que sea, reproducirá conductas seductoras y lascivas, como la única realidad válida de su vida, porque en definitiva, nadie reacciona a la verdad objetiva universal, sino a la serie de ideas que acepta como válidas dentro de la cabeza. Somos el producto exacto de las ideas que llevamos clavadas en la cabeza.

DE NADA ME SIRVE EL AMOR, SI EN MI CABEZA FLOTAN LAS IDEAS DE QUE NADIE ME QUIERE

No reaccionamos a la realidad, sino a lo que cada quien tiene como realidad, porque en vez de vivir en el mundo, individualmente cada quien vive en su propio mundo interior, construido con las ideas que le han inculcado desde niño o con las ideas que ha formulado dentro de su cabeza.

Me han tocado muchos casos a lo largo de mi vida profesional, donde escucho relatos lastimosos de mujeres de mediana edad, y de hombres adultos que a momentos logran hacerme sentir que su vida se quema en un círculo de hielo, donde nadie les quiere, y me afirman con todas las fuerzas de su desesperación, que están solas, que sus hijos son malagradecidos, que sus padres nunca les amaron, porque las complacencias familiares fueron dadas a las hermanas y a los hermanos mayores, y curiosamente cuando acude la familia a entrevista, para tener más elementos y yo entender lo que le suceda a la paciente, me quedo estupefacto, porque logro sentir, de las interacciones familiares, las manifestaciones de amor verdadero que salen de los hijos y del esposo hacia ella, pero, que son automáticamente rechazadas, porque las ideas que lleva en la cabeza forman ese impermeable invisible, esa barrera impenetrable, que bota hacia afuera todo lo que, o coincide con su mundo interior, formado por los conceptos que no han podido o no ha querido cuestionar.

Y por estas razones, ya podrá recibir todo el amor del mundo, ya conseguirá estar rodeado de 10 hijos que le llevan flores y apapaehos a la cama. Todo es absolutamente inútil, mientras no se sacuda las avispas sutiles de las ideas negativas que impiden todo acceso a otro tipo de realidad.

En consecuencia de lo anterior, esta paciente no está obligada a ver el mundo como o vernos nosotros porque las ideas que lleva atornilladas por dentro se lo impiden Y en este sentido, los budistas no están obligados a ver el mundo como lo ven los cristianos, y los judíos, ni los hombres están formados moralmente a concebir la vida como la conciben las mujeres, pero pienso que todas las mentes, sí tienen la responsabilidad con la vida, de ir afirmando sus lentes personales, de ir limpiando sus prismas, y de ir haciendo más sensible el celuloide de la cámara fotográfica, para ir viendo las cosas y las situaciones como la mayoría de los humanos despiertos, maduros y de buena voluntad.

EL CASO DE GELASIO Y LOS TEST MENTALES

Recuerdo entre los muchos casos de experimentación sobre las capacidades intelectuales, sobre la medición del famoso coeficiente intelectual, el caso de un alumno que para proteger totalmente lo relacionado con su identidad pondré el nombre de Gelasio. (Del griego: el que sonríe).

En un salón de segundo de secundaria, un grupo de investigadores puso una buena batería de tests para lograr resultados en la medición de las capacidades intelectuales de los alumnos. Los estudiantes poco a poco, fueron entregando sus pruebas y los investigadores las iban vaciando y sacando los percentiles para publicarlos en el pizarrón de avisos a la entrada del salón.

Al día siguiente, con grandes letras rojas aparecieron los nombres de todos los alumnos desde los más altos en percentiles, hasta los más bajos, con una pequeña leyenda profecía adicional adherida a cada uno de los nombres. Esta profecía estaba relacionada con los resultados buenos o malos del test. La lista estaba encabezada por un niño llamado Luis, niño despierto y siempre sonriente. En el pizarrón de entrada su nombre apareció en la siguiente forma: Luis porcentaje de 100 sobre 100. Capacidad brillante: Aprenderá rápidamente las lecciones, colaborará ampliamente con sus compañeros, y estudiará con dedicación y con esfuerzo...

Luego venía el nombre de otro compañero: Pedro; porcentaje 99 sobre 100; capacidad muy buena. Será excelente estudiante y colaborará con el resto de la clase. Y asi la lista empezó a descender hasta llegar a un alumno calladito, tímido, y separado un poco del resto de los compañeros. Su nombre apareció en esta forma: Gelacio; porcentaje 40 sobre 100. Capacidad reducida, no entenderá muchas de las clases, no se relacionará suficientemente con los demás, y dejará las clases antes de que termine el semestre.

Indiscutiblemente que esta profecía, fue brutalmente sádica e injusta, pero, así se hizo en este experimento. Los niños, cuando se aproximaron al salón de clase, inmediatamente reaccionaron a sus nombres y a las leyendas anexadas con letras rojas a la vista de todos. Los triunfales entraron casi con los cuadernos y los lápices en la mano para devorar todos los conceptos que fuese a dar el maestro, mientras que los de porcentajes bajos entraron cabizbajos, sin ganas, bostezando, con deseos de que ya llegase la hora del recreo o de la salida para ir a cualesquier otro lado, menos desagradable.

En efecto; al paso de los días y de las semanas, las profecías se fueron cumpliendo casi al pie de la letra, porque toda idea depositada en el fondo de la mente, saca energías que hace que se cumplan; Luis, cada vez más sacaba dieces y colaboraba con todos, lo mismo que Pedrito, en cambio Gelasio, se dormía en clase, llegaba ya tarde y se hundía en silencios de tristeza y de angustia interiores. Angustias del niño, pero tan dolorosa como las de los mayores.

Gelasio, acabó desanimándose entre clases reprobadas, regaños y burlas sádicas de sus compañeros. Y sin más rebusque, las profecías se cumplieron punto por punto.

Sin embargo, el grupo de investigadores, en el salón de discusiones, no estuvo de acuerdo con los resultados, porque algunos de ellos insistía en que ese test, de suyo, no había revelado nada interesante, ya que era obvio que los niños inteligentes debían de estudiar más, colaborar más y estar más relacionados con el resto del alumnado, mientras que los de menos capacidad, debían de reprobar, aislarse, deprimirse, distraerse, y abandonar los estudios. Para darle fuerza a esta investigación sobre las capacidades intelectuales de los alumnos de secundaria, se le ocurrió a una parte de los investigadores hacer una especie de trampa con las pruebas de inteligencia.

Y los resultados de los segundos tests produjeron un resultado de impacto, de sorpresa y de grandes esperanzas sobre los estudios de la inteligencia de la mente. Ahora, en esta segunda fase, tomaron los investigadores a otro grupo de segundo de secundaria, les pusieron las mismas pruebas y los alumnos las fueron entregando poco a poco igual, que lo hicieron sus compañeros.

La variante o la trampa de los investigadores consistió en lo siguiente: tomaron las pruebas, y los pereentiles y los almacenaron en una caja fuerte y decidieron poner sobre las letras rojas del pizarrón de la entrada no los resultados de las pruebas, sino, los números de los casilleros que tenían los alumnos en el salón de deportes y de gimnasia, y colocaron una leyenda proporcional en calidad, altura del número en la siguiente forma: Gelacio (número de casillero 100): Porcentaje, 100 sobre 100. Inteligencia brillante. Este alumno aprenderá sus lecciones con dedicación y esfuerzo y se mostrará colaborador con el resto de la clase. Y la lista iba descendiendo según el número de los otros casilleros...Luis, Pedrito, etc. El caso también fue doloroso porque si a Pedrito le había tocado el casillero número 40, su leyenda y su profecía fueron negativas, independientemente las capacidades reales, que él tuviese en su cabeza y en su grenética personal.

Los resultados fueron sorprendentes y hasta entusiasmantes para los investigadores, y para toda persona interesada en el conocimiento de los mecanismos de la mente, porque los niños que tenían números de casilleros altos, fueron los que más aprendieron, fueron los que mejores notas sacaron, los que más dedicación pusieron al estudio y los que más colaboraron con el resto de los compañeros, mientras que los alumnos con número de casillero bajo, se les veía desanimados, por las profecías negativas que se les fabricaron en su cabeza; fueron los que menos aprendieron, los que menos se relacionaron, y los que más interrumpieron sus estudios durante ese semestre.

NO ES LA REALIDAD LO QUE ME HACE REACCIONAR, SINO LO QUE PIENSO DE LA REALIDAD

De hecho las personas no reaccionan como son, sino como piensan que son. De poco le sirve al que tiene genética de sabio, tener las mejores posibilidades en potencia, si las ideas de plomo le hacen reaccionar como mediocre. De nada le sirve a un niño que le digan que es valioso e inteligente, si está convencido por ideas previas o experiencias traumáticas, que es una persona negada.

UNA SUGERENCIA Y UNA CONCLUSIÓN

De estos experimentos, y de estas formas de entender a la mente humana, brota la inquietud en todos los educadores de formar climas de respeto, de afecto, de esperanza entre los alumnos de un salón de clase, para que se genere en ellos la dinámica del cambio gracias a la profunda fe que ellos tengan acerca de sí mismos, porque todos conocemos a personas que vimos caminando de fracaso en fracaso, mientras no había ni fe ni esperanza dentro de sus corazones, y luego, casi milagrosamente los vimos escalar triunfos y triunfos porque había cambiado la imagen y las ideas que tenían acerca de sí mismos. Y esta tesis siempre resulta corroborada: no reaccionamos a lo que en realidad somos, sino a lo que creemos que somos. La inteligencia es como la gasolina guardada en un gran tanque interior, pero ésta no pasa al motor si no se abren las gargantas que conectan al tanque con los cilindros y las bujías. Las gargantas son las ideas y las creencias sobre nosotros mismos. Si las ideas son negativas, las gargantas y los conductos entre tanque motor están cerrados y el motor no jala: si existe fe en uno mismo, las gargantas se abren, la gasolina pasa y el motor desarrolla un poder nunca imaginado.

En este caso, resulta mucho más importante, abrir los conductos de la gasolina que perder el tiempo, pensando en la capacidad de la inteligencia o en la cantidad de litros que le caben al recipiente del combustible. La conclusión salta a la vista: la cámara fotográfica sí tiene la capacidad de reproducir a la manzana real y objetiva que se le pone enfrente, sin embargo, mientras no la capte, la cámara reaccionará a lo que lleve grabado en el negativo interior. Las realidades objetivas sí existen, y las mentes sí las pueden captar, pero no con la misma intensidad, ni al mismo tiempo, por oso es indispensable la actitud en la comprensión y del diálogo entre humanos para que en grupo se vayan descubriendo nuevos aspectos afines a las realidades que tenemos enfrente de los ojos.

CAPÍTULO IV

La mente es hechizable

En el capítulo anterior vimos que la mente no capta la realidad con la objetividad perfecta, ya que siempre existen distorsiones en las cosas que conocemos, sin embargo, tampoco es cierto el planteamiento opuesto que afirma que la mente está incapacitada para captar el mundo, y que por lo tanto no existe ni la verdad ontológica, ni la verdad lógica, y mucho menos la verdad moral.

Esta postura es la del subjetivismo radical, que en los altares de la libertad pretenden sacrificar los valores trascendentales, las buenas costumbres, y los principios universales de la naturaleza humana. La postura de en medio, ni el realismo exagerado, ni el subjetivismo radica parece la verdadera situación del funcionamiento de la mente, explicada a través de la metáfora de la cámara condicionada, donde se expuso la posibilidad de llegar a la captación del mundo con objetividad y con evidencia ontológica, pero, con la salvedad, de que las mentes humanas tienen miopías, por muchos condicionamientos familiares culturales, y religiosos, que le impiden llegar a la perfecta captación de los hechos, las personas y de las cosas.

Con esto se abre la puerta para el diálogo, la comprensión de los demás, ya que no todos podemos ver las mismas cosas, ni los mismos ángulos de una realidad misteriosa y escurridiza. En este capítulo se expondrá el problema de la susceptibilidad de la mente a la influencia de los demás y de las ideas que reptan en el fondo de la cabeza, en otras palabras, se tratará el problema de los hechizos de la misma.

EL PROBLEMA DE LAS MANGOSTAS Y LAS SERPIENTES

Siempre me impresionó la historia o la leyenda de aquel hombre alcohólico, que se subió a un camión de pasajeros, bastante pasado de copas, y con un aliento a alcohol mal digerido que se notaba a dos metros de distancia. Este pasajero, con las molestias de los demás ocupantes del transporte colectivo, se subió con una jaula cubierta por una franela negra. La situación resultaba molesta para todos porque el alcohólico insistió en que debía colocar la jaula cerquita de él, en el asiento de junto. Esto motivó que le preguntaran: -Pero, ¿Qué cosa lleva en la jaula?. Él con tranquilidad -y hasta con cierto placer respondió que en la jaula llevaba una mangosta. Pero, los viajeros molestos por las incomodidades, y por la transpiración del alcohol, le preguntaron que para qué diablos quería una mangosta dentro de una jaula y viajando con él en un autobús lleno de gente. Con cierta paz, empezó a explicar: Miren, -pronunció- las personas que somos alcohólicas, frecuentemente, caemos en delirium trémens, delirios espantosos, donde somos atacados por serpientes voraces, y por esta razón yo siempre viajo con una mangosta para que me defienda de las serpientes».

Los viajeros estaban intrigados hasta que uno de ellos le refutó: Óigame, pero cómo nos dice eso, si las serpientes de las que está hablando son completamente imaginarias? A lo cual, sin inmutarse el alcohólico, respondió, que igualmente la mangosta era totalmente imaginaria. Y quitando la franela negra, les mostró ante los ojos azorados, una jaula vacía.

La importancia de este cuento para entender el funcionamiento de la mente, es definitiva porque en realidad, la cabeza es una fábrica incansable de mangostas y de serpientes, ya que continuamente estamos imaginando futuros catastróficos cuando inventamos mil serpientes imaginarias sobre lo que nos sucederá, les acontecerá a las personas que amamos... Vendrá el cáncer envuelto en este granito de la espalda, el nuevo gobierno traerá más devaluación, permaneceré casado para el año 2000, será mi hija feliz en su matrimonio... también soñamos las mangostas y fabricamos mil expectativas sobre la bondad y el amor perfectos de los parientes, esperamos contra toda esperanza, formando creencias llenas de energía que nos ayudan a soportar la carga del tiempo, y el paso de los días.

Siguiendo la huella de lo que vamos diciendo, vivimos de creencias negativas y de creencias positivas, que se van almacenando dentro de los cajones del pensamiento.

LA CABEZA LLENA DE SERPIENTES

Tengo la convicción arraigada de que en una cabeza vacía, no puede existir el sufrimiento, aunque esta situación resulta casi imposible para la mayoría de los humanos porque desde que el hombre es niño, se le llena la cabeza de miedos y de temores para poderlo controlar, y mantenerlo sujeto y fiel a los principios, valores y creencias de la familia y del grupo social al que se pertenece.

Quizá las serpientes más peligrosas que se depositan en la mente de los hijos son las serpientes del temor, que los incapacitan para vivir con espontaneidad y con libertades interiores. Y las serpientes del miedo a veces anidan para siempre en el corazón humano.

Para corroborar lo que antes he dicho, recuerdo el caso de aquella señora que molesta ante las desobediencias de su hijo adolescente, me protestaba diciendo que su hijo, ya le había perdido el respeto porque llegaba después de la hora de la cena, traía el pelo demasiado largo, y usaba pantalones raídos de mezclilla, inclusive los domingos. Mientras que de pequeño, siempre obedecía a los gritos que le pegaba.

Es obvio -le contesté- su hijo no le ha perdido el respeto, lo que ya le perdió es sencillamente el miedo, y nada más. Y la señora se quedó pensando sin decir palabra. Otra de las serpientes peligrosas que carcomen, por dentro a las personas durante toda la vida es la convicción ciega de que son tontas, o de que nadie les quiere, o de que son ovejas negras de maldad. Y es de insistir que antes de que entraran a la vida consciente de la familia, y a la interrelación con los adultos, sus cabecitas estaban limpias, y por eso antes del ataque de los reptiles interiores, reían, jugaban, eran espontáneos y felices, pero curiosamente después de que empezaron a obedecer y sujetarse a los linchamientos de los adultos, empezó a formarse una personalidad quizá conveniente para el grupo familiar, pero probablemente demasiado rígida y obstaculizante para el desarrollo verdadero del ser del hijo.

EL RATÓN MIEDOSO

En los humanos sucede con el miedo, exactamente como le aconteció al ratón que vivía con ataques de pánico en la casa de un viejo gato. El ratón cada vez que veía al felino, se espeluznaba y tembloroso huía despavorido a la ratonera, hasta que en cierta ocasión, un mago que estuvo de visita se compadeció de él y le concedió el favor, no de quitarle el miedo pero, por lo menos de convertirlo en un animal más fuerte, y más poderoso. En estos arreglos, el mago hizo del ratón temeroso, un gato joven y fuerte. Pero, a las pocas horas de la visita del mago a aquella casa, apareció el recién convertido gato, lleno de pavor, quejándose de miedos porque en el jardín había visto a un perro, el mago volvió a compadecerse de él y lo reconvirtió en perro agresivo. Y el remedio volvió a fracasar, porque antes de la noche entró el perro corriendo, buscando amparo, ya que en el bosque se había topado con una pantera. El mago, desesperado por las fallas de las conversiones anteriores, habló seriamente con aquel animal, y le advirtió que era el último abracadabra que gastaría en las transmutaciones genéticas del animal, y lo convirtió en pantera. Sin embargo, como era de esperarse, la pantera, regresó de su primer aventura por las profundidades del bosque, trémula, y jadeante por los efectos del pánico... -es que me encontré a un cazador, buscando panteras!, dijo en son de queja.

El mago furioso, le respondió: "*Mira, contigo es inútil todo cambio porque si te convierto en cazador, vendrás llorando de miedo, a la primera enfermedad de tu hijo y tan pronto tengas un conflicto con la esposa. Por lo mismo, te regresaré al estado de ratón miedoso como te conocí...*"

Es cierto, de poco o de nada sirven los cambios de estado social, económico, religioso, y familiar para tratar de matar las serpientes del miedo y de la cobardía. El miedo no se me forma por ver a las personas agresivas, o por toparme con gente de malas costumbres. No. El miedo no existe fuera de la piel, sino enredado en el centro del alma. Las serpientes se llevan dentro, y se despiertan cuando vemos al que nos amenaza, nos grita, nos difama o nos agrede. La solución consiste en cambiar de corazón, más que cambiar de padres o de esposo. Y eso lo advertimos con toda claridad cuando observamos nuestras respuestas emocionales. ¿De dónde sale el dolor y la angustia? ¿Acaso del niño atropellado en la calle? No. La angustia y el sufrimiento, salen del fondo del corazón. ¿De dónde sale la rabia, la furia y la violencia que sentimos? Acaso de las palabras del esposo, que nos grita de majaderías?

No. La furia y la violencia salen de lo hondo y lo profundo de uno mismo. ¿De dónde sale el miedo y la culpa? Acaso del avión que se mueve desacompasadarnente con las bolsas de aire? Francamente, no. El miedo y la culpa como todas las serpientes de la cabeza salen de uno mismo, del interior de la persona que las padece.

LA CABEZA LLENA DE MANGOSTAS

También existe otro tipo de personalidad que con su fábrica interior, dedica horas y horas en la elaboración de mangostas: sueños de felicidad, y expectativas utópicas de amores perfectos, y de amigos para toda la vida. La cabeza llena de mangostas forma un tipo de personalidad opuesta a la de la cabeza llena de serpientes. Y resulta evidente que si hubiese de elegir entre una y otra, valdría la pena optar por la personalidad del optimismo y de las utopías. Sin embargo, lo más sano, en última instancia, consiste en aprender a matar primero las serpientes, para luego acabar con las mangostas hasta lograr vivir en el vacío de la cabeza, en el silencio interior, donde, las creencias tanto malas como buenas van desapareciendo para dar paso a una actitud de verdadera fe que consiste en abrazar la realidad con toda la fuerza del corazón, en perfecto silencio interior. Porque al final de cuentas, Dios está un poco más allá de las creencias, y lejos de las serpientes y las mangostas.

Conocí, tiempo atrás a una paciente que me narraba siempre risueña, y casi siempre desbordando entusiasmo y buen humor, que de pequeñita, su madre, y su abuela, lo mismo que las religiosas del colegio donde estudió la primaria, le daban un trato de cariño, de premios, casi de princesita, porque la ponían al principio de las filas de niñas, antes de entrar a clase y en la casa era el ejemplo de los hermanitos más pequeños. Ella fue siempre bella y buena. Obviamente, dentro de sus fantasías y creencias siempre me discutía, con tenacidad que toda la gente era buena, que todas las personas eran de fiar, y que el amor todo lo podía cambiar. Yo, la verdad, con menos optimismo que ella, le daba el punto de vista complementario: el mal también existe y bien que da lata, y las personas, aunque en el fondo sean buenas, cuando uno se descuida, recibe sorpresas dolorosas, y finalmente que aunque el amor todo lo puede, sin embargo, existen personas parapetadas que no se dejan amar y cuando se les manifiesta el afecto lo distorsionan como si estuviesen recibiendo una burla un ataque o una seducción sexual.

Ella siempre, manifestó su deseo de conseguir cierta cantidad de dinero para adoptar a un niño huérfano de algún país del tercer mundo, obviamente con más problemas de desnutrición que el nuestro. Evidentemente, que yo en silencio, bendije su decisión, porque pienso que una de las mejores formas de dedicar el dinero que sobra, es en las causas nobles y humanitarias como es la ayuda a los ancianos, los enfermos, y los niños que no tienen ni recursos ni posibilidades de salir de la marginación. Claro, la decisión de esta mujer era de elogiarse.

Sin embargo, me quedé pensando que terapéuticamente esa obra de caridad y de humanismo iba arrojar interesantes ganancias interiores para su cabeza, puesto que sin darse cuenta estaba fabricando una buena mangosta que rápidamente le iba a matar las serpientes de la culpa, del ser como todo, y del sentirse mujer mala distinta a la princesita que fue de niña. Porque, ya me la imaginaba, en algunos de sus conflictos donde las serpientes le empezaran a atacar, por ejemplo, cuando perdiese la paciencia frente a sus hijos, y las culpas le molestaran... allí, la imaginaba, pensando en la obra heroica de haber rescatado a un niñito de Biafra, no de las serpientes imaginarias de la cabeza, sino de las garras reales de una hambruna que mata lentamente, pegada a los huesos y sin falla.

Aclarando el pensamiento anterior, es bueno insistir en lo dicho: las obras buenas que hacen las personas tienen dos beneficios; el primero, de una ayuda efectiva y contable para con los demás, y segundo, la de la fabricación de una creencia que arroja buenos dividendos, porque nos da por sentirnos buenos, y eso hace que se robustezcan las mangostas que forman las personalidades bonachonas, que al final del cuento, hacen las cosas no tanto por el otro, sino por el beneficio interior de las propias complacencias interiores. El ideal, pero como todos los ideales, difícil de realizar, es el de hacer las cosas por el mero y exclusivo gusto de hacerlas, sin que medien voces interiores y creencias de ser buenos.

LAS PROPORCIONES DE MANGOSTAS Y DE SERPIENTES

Opino, continuando con las reflexiones dichas, que las personas depresivas, han logrado fabricar una cantidad mayor de serpientes que de mangostas, mientras que los que vemos alegres y despreocupados, han producido más creencias positivas que negativas. Los primeros se viven imaginando, que no son queridos, que son tontos, que son de apariencia repugnante, o que nacieron con mala suerte, y bajo las tinieblas de un día de eclipse. Pero, todo es efecto de una mente descontrolada, que ellos no logran acallar. Los segundos, se defienden, e insisten que les tocó vivir en el mejor siglo, en el mejor mundo, y en la mejor familia de la historia. Sin embargo, igualmente, es producto de la mente.

Y en conclusión. Algo ha de haber en lo profundo de cada ser humano que permita el material negro y blanco para la fabricación de estos dos tipos de fantasías, como que de alguna manera, hemos de estar habitados e invadidos por ángeles y por demonios ya que unos y otros se manifiestan transmutados en las dos clases de reptiles que hemos señalado.

Dije antes que lo verdaderamente sano, consistía en la desaparición primero de las serpientes, y luego de las mangostas, y esto se logra justamente cuando la cabeza se queda vacía y en perfecto silencio e inmovilidad interior, que se logra cuando se acaban las dualidades interiores, cuando terminan las separaciones entre lo bueno y lo malo, la carne y el espíritu, el ángel y el demonio, el tonto y el listo... No se trata, pues de matar unas y de suprimir las otras, sino de lograr la unificación de ambas, para que se acaben las voces que perturban la mente. No se trata de matar a nuestros demonios interiores, como dijo el poeta Rilke, porque de seguro, también amanecerán muertos nuestros ángeles...

Se trata de caer en la cuenta que la realidad es una e indivisa, que nosotros somos una sola realidad hecha de dos partes que deben unirse y complementarse y no separarse, se trata de entender que no somos buenos ni somos malos sino de que sencillamente somos, sin adjetivizaciones por modos de ser.

LA MALA EDUCACIÓN Y LA FORMACIÓN DE LAS SERPIENTES

Yo entiendo que la buena educación debe de tener tres objetivos fundamentales:

1.- Enseñar que un hijo antes que nada debe dc ser él mismo, cueste lo que cueste y pase lo que pase. Este primer objetivo pide que los hijos no tomen modelos ajenos a ellos mismos que pretendan cumplir y llenar a costa dc castrar sus más auténticas posibilidades. Viendo lo mismo con más pormenores, resultaría desastroso que cuando nació Bach se le hubiese puesto como modelo a Bethoveen o a Liszt para que se adaptara a las formas de ser que ellos diseñaron. Si los padres de Bach no hubiesen permitido que su hijo fuese él mismo, nunca hubiese sido uno de los compositores de música espiritual, más grande que jamás haya existido, porque Bach no puede ser como Bethoveen, ni nadie debe ser como un modelo ajeno a él mismo. Asi, un hijo no debe ser comparado ni con el hermano mayor, ni con el abuelo, ni con el padre. Y resultan sobrando las palabras de algunas madres, que insisten: debes ser como tu maestro, ojalá te parecieras a tu tío.

Entre más se le imponga un modelo al hijo, con la obligación de ser llenado a base de amores condicionados, y de miedos, más se le impide al infante en el crecimiento interior y en el desarrollo de su esencia.

EL SEGUNDO OBJETIVO DE LA EDUCACIÓN

En continuación con lo anterior una vez que en la familia se crea el clima de amor, libertad, dentro de ciertos límites para que el hijo vaya desarrollando su esencia, viene el segundo objetivo educativo: la enseñanza de diversos modos de ser.

Los modos de ser son los distintos modelos sociales, religiosos y familiares que se ponen al servicio de los hijos para que ellos vayan probando unos y otros hasta que escojan aquellos que más les permitan su desenvolvimiento personal. Los modos de ser son innumerables: el modo de ser mexicano, o francés, o norteño o del centro. Los hay de sabor emocional, y de colores religiosos como el modo de ser cristiano, o judío, o budista. Y todos los modos de ser pueden ser buenos con tal de que nada más controlen las conductas exteriores, como son las conductas del modo de hablar, de comportarse en público, de vestirse, de relacionarse, y de convivir, pero, jamás los modos de ser deberán de intentar controlar las conductas interiores como son las formas de sentir, de pensar, y de estar a solas con uno mismo en el fuero de la conciencia. La utilidad de los modos de ser es patente, cuando se encuentra un hombre y una mujer, gracias a los comportamientos de uno y de otro se produce la atracción y el agradable compartir gracias al complemento de las diferencias.

Sin embargo, cuando en una familia se le da más importancia al modo de ser del hijo que al ser, y se le premia y se le ama exclusivamente cuando cumple con las formas inglesas, francesas, cristianas o propias de los Pérez, y se le castiga cuando el hijo se permite ser él mismo, a pesar de las formas familiares, se le está depositando el nido de serpientes dentro de su alma.

EL TERCER OBJETIVO DE LA EDUCACIÓN

Una buena educación se cumple en su tercer objetivo cuando al hijo se le da una herencia cultural, un depósito de conocimientos, un bagage de experiencias que le sirvan como marco de ubicación de referencia. Es bello pertenecer a la cultura occidental iberoamericana, con todo el acopio de hazañas e historia que la nutren, tantas que, como dijo Vasconcelos en su historia de México, y en un momento de euforia: "*Si se compara la historia de México, con la Ilíada y la Odisea, éstas quedan reducidas : a chismes de comadres a mitad del Mediterráneo...*"

CONCLUSIÓN FINAL

Si se da la mal educación, y ésta consiste en ir contra la jerarquía de los objetivos de la educación arriba señalada, entonces se hacen los criaderos de reptiles en las cabezas de los hijos y de los educandos, porque se dan personas que llenan perfectamente el segundo objetivo, el de las formas de ser, y les vemos vestidas de reinas, hablando a la perfección el idioma con excelentes modales al servir la mesa, pero, las presentimos con el alma muerta, sin un céntimo de ser, y mucho de parecer, sin un gramo de esencia, y un exceso de personalidad a la Pompadour, o a la Pasionaria de la España de los cuarentas, y también es cierto que vemos personas de malos modos de ser, que rompen el esquema de la educación familiar, mexicana, o norteña, pero cuyo ser se les transpira por todos los poros, y su ser pesa, en todo lo que dicen, hace y viven. Estos quizá a veces, se exceden en las faltas de educación porque prescindieron del Carreño.

Sí, la combinación de ser y de modos dc ser, restauraría la realización de las utopías educativas. Y respecto a la serpiente de los miedos, ojalá se diesen lujos respecto a las madres castrantes como el del cuento... En una ocasión la mamá estaba molesta porque el hijo había tomado unos chocolates de la recámara de ella, sin permiso y para poderlo controlar intentó inculcarle una buena dosis de miedo: -Oye, le dijo, ¿qué no sabías que Dios estaba presente cuando estabas en mi cuarto donde no debes de entrar?

-Pos sí... le respondió.

-Bueno, y qué no sabías que Dios te estaba mirando, mientras agarrabas mis chocolates?

-Pos sí...- Volvió a responder el hijo.

-Bueno, pues entonces dime, ¿qué te dijo Dios- gritó molesta la señora.

-Me dijo, -concluyó alegremente el niño-: Mira, hijo, como aquí estoy y te estoy observando, en lugar de tomar un solo chocolate, llévate dos.

CAPÍTULO V

La mente y la jaula de pájaros.

En el capítulo anterior, encontramos la tendencia de la mente a formar creencias negativas o positivas dentro de su fuero interior, provocando como resultado, la formación de una manera de ser pesimista u optimista y a todo esto venía la comparación de las serpientes y las mangostas. Después se explicaron los tres objetivos de la buena educación de los hijos y a lo largo del capítulo se fueron rociando algunas ideas sobre la inconveniencia del control de los demás, utilizando el recurso del miedo.

En el presente capítulo buscamos la profundización de las ideas anteriores: lograr el silencio interior, lograr el vacío perfecto, como medio indispensable para la mejor captación de la realidad y la sana relación con los demás y con el mundo exterior.

LA JAULA DE LOS PÁJAROS Y LA MENTE

Mi intención al ir exponiendo los mecanismos del pensar es la de hacer ver que el gran problema del ser humano es el manejo de las ideas, porque de las ideas interiores, se desencadenan los buenos resultados y los malos en el vivir.

Es cierto que existen muchas teorías sobre el funcionamiento y las relaciones de la mente con las emociones y con los sentimientos. Unos como Albert Bilis afirman que todo el mecanismo se inicia con las ideas interpretativas de la realidad, y de esa interpretación se desprenden consecuentemente las reacciones emocionales, y otros, seguidores de William James afirman exactamente lo contrario, que primero se dan los sentimientos, y las emociones. luego las acciones y finalmente las ideas. En realidad, no es tan importante descubrir que fue primero, ¿el huevo o la gallina?, porque a decir verdad, en todos los procesos humanos y en el desarrollo de las especies se tuvieron que haber dado procesos en movimiento continuo, donde se mezclaban diversos factores y resultaría imposible aislarlos en primeros y segundos, como si la vida pudiese disectarse arbitrariamente. Lo que sucedió siglos atrás, fue un huevo-gallina transformándose en organizaciones mayores, de las cuales se fue desprendiendo por un lado un producto tipo huevo, y otro tipo gallina, y en las potencias del conocimiento se dan ideas afectivas, y efectos lúcidos, aunque se pretenda con esfuerzos de clarificación, el teorizarlos en mapas que dan predominancia a lo intelectual y esquemas que insisten en lo emocional. Sin embargo, como en todo, no debemos confundir los mapas con los territorios, y usar el mapa como guía y como aproximación con la realidad, cayendo en la cuenta que si hay discrepancias entre los dos lo que se debe corregir es el mapa y no la realidad.

No vaya a ser que suceda lo que aquel loco que se metió en sentido contrario por el viaducto, y mientras veía la avalancha de automóviles avanzando contra él, se le ocurrió encender la radio para tranquilizarse, y lo primero que escuchó fue la noticia de un loco que se había metido en sentido contrario en el viaducto... Y su comentario, fue: *"Siempre los locutores de la radio están mal informados, porque no se metió un loco en sentido contrario, sino decenas y decenas"*.

Siguiendo por el camino trazado, es necesario el quitar las ideas negativas, las ideas inútiles, para dar cabida a nuevos pensamientos, y a nuevas actitudes, porque mientras la mente esté ocupada por todos los recuerdos y todos los adoctrinamientos del pasado no podrá recibir una sola idea nueva. En efecto, muchas personas que no limpian su cabeza de los aprendizajes reforzados por su religión, su esposo, sus maestros, van a los mejores seminarios, y a las conferencias más brillantes de los sabios universales, y después de abrir los ojos y comentar entre las butacas del gran teatro, qué interesante y qué profundo, regresan a sus casas a repetir exactamente lo de siempre, a pensar exactamente igual de la familia, los hijos, la religión y la vida. La razón es obvia: si la taza está llena de café, ya no le cabe una gota de leche, y si la cabeza está llena de las ideas del pasado y no se vacía, ya no caben las ideas del presente. Y esto aunque las ideas no tengan peso, ni ocupen un espacio físico porque es claro, que sí ocupan un espacio psicológico.

LA MENTE OCUPADA

Existe una serie de experiencias que todos hemos vivido: en la cabeza es imposible estar angustiado por dos situaciones distintas al mismo tiempo. Es claro, bajo el efecto maravilloso de la autoobservación, que no se puede estar atemorizado al mismo tiempo por dos miedos distintos, y curiosamente, tampoco se puede estar enamorado intensamente, de dos personas distintas al mismo tiempo.

Por esta ley de la ocupación del espacio psicológico interior, sabemos que un miedo mayor quita y borra un miedo menor, y que un clavo saca a otro clavo, como reza el refrán de la sabiduría popular. Lo vemos cuando un hombre tiene miedo a los elevadores, y también experimenta fuerte miedo a las mujeres que cuando se cierran las puertas metálicas del elevador, y la mujer se le acerca amenazante, éste para quitarse a la fémina, empieza a apretar botones de subida y de bajada y ni siquiera se acuerda de la fobia al movimiento del elevador.

En esta rama existen muchos ejemplos que lo comprueban: si estaba muy preocupado por el cristalazo que le dieron al automóvil, éste desaparece cuando, me entero al llegar a casa, que mi hijo fue atropellado. Y así... Aunque también se dan casos relacionados con todo esto, que cuando se mete una idea nueva dentro de una cabeza contaminada con ideas sucias y podridas, acaban infectando lo bueno y positivo de los pensamientos frescos, porque en definitiva, lo único sano consiste en cuestionar las ideas previas, en vaciar la jaula de los pájaros.

TRES TIPOS DE PÁJAROS DENTRO DE LA JAULA

En la cabeza existen tres clasificaciones de ideas representadas por tres tipos de aves. Las dos primeras son nefastas porque son las ideas negativas y están representadas por aves sucias y de carroña. Las ideas de la tercera clasificación, son las positivas y están representadas por las aves de ornato, de lujo y de exhibición.

1. LOS PÁJAROS DE LA ESPECIE DE LOS ZANATES

Son avecillas descoloridas, que se mantienen haciendo ruido dentro de la jaula y se caracterizan por llenar el piso de suciedad y de inundar el ambiente de aromas fétidos y pestilentes. A nivel de ideas, estas aves representan los pensamientos antiguos cargados dentro de la cabeza desde la infancia primera. Son adoctrinamientos fundados en la desconfianza a los demás, en el odio a los otros, en la rabia ante lo distinto, lo nuevo, lo contrario a lo familiar y religioso. Y las personan que portan este tipo de contenidos en sus jaulas son personas que siempre juegan en la vida a la defensiva y al ataque, al chisme, y a la murmuración, en cuanta oportunidad les da el trato con los demás.

Son personas que aprendieron a seguir modelos rígidos, y viven imitando la moda, y son fieles cuidadores del qué dirán y del qué pensarán de mí, si me permito ser yo mismo... Por mala suerte, como estas avecillas son sucias, pestilentes, la cabeza parece que les zumba de malos olores, y siempre en la cara se manifiesta ese gesto de displicencia, esa cara de pocos amigos que dan la impresión de que caminan oliendo cosas desagradables. La cara siempre refleja curiosamente las ideas que se llevan dentro de la cabeza. Por mucho, el refrán popular afirma que los ojos son las ventanas del alma y los gestos, son las manifestaciones visibles de las ideas invisibles.

Siguiendo con lo mismo, encontramos que cuando estas personas van a terapia, o toman un curso de Desarrollo Humano, lo primero que les cambia es la expresión de la cara porque empieza a darse la sana limpieza de las suciedades abituales de la cabeza.

2. LAS AVES DE CARROÑA

Son aves peligrosas, de grande pico y dotadas de garras afiladas y con mucha fuerza. La actividad común de éstas, consiste en estar carcomiendo y arañando desde dentro de la jaula todo lo que se les pone enfrente, y representan las ideas malignas que se nos quedaron grabadas en momentos traumáticos de la infancia, como el bofetón materno, con el grito rojo de: *"lárgate a donde quieras porque ya no te quiero",* o las frases comparativas con el resto de los hermanos, donde se engendró la convicción de ser la mala, la fea, la tonta, el rebelde, el provocador de los problemas de los padres, y demás. Estas aves aletean durante el día salen con fuerza brutal en los sueños del inconsciente y en las pesadillas.

3. LAS AVES DE ORNATO

Estas aves se caracterizan por su belleza, su fragilidad, y su gran necesidad de cuidado y de alimentación especializada y representan las buenas ideas que nos llegan a veces en días especiales durante el año. como en las navidades, las fiestas de perdón, el nuevo año, los días de cumpleaños, y los días especiales. En estas ocasiones, frente al espejo, o en el silencio de la recámara a solas, cuando llega el pavoreal, o el ave fenix, sentimos el deseo de ya reconciliarnos con el amigo, el hermano, el socio, el perdonar la desobediencia de los hijos, el dejar de fumar y tomar. Y mientras permanece la exuberante belleza de estas aves somos distintos, agradables, buenos y hasta generosos. Pero, por el mal hábito y las malas costumbres de nunca asear y limpiar diariamente la jaula mental, las aves sienten hambre y se van lejos para volver después de un año o nunca. Si a diario se limpiara la jaula y se alimentara conscientemente al pavo real, la vida cambiaría porque en pocas palabras siempre cumpliríamos con los propósitos.

REFLEXIÓN FINAL

Prosiguiendo esta narración de los distintos tipos de pájaros que habitan en las jaulas interiores, hasta un punto final, es bueno decir lo siguiente: cuando alguna una idea se queda pegada en la mente lo único que se ve hacia afuera de ella, es el contenido de la tal idea.

Somos del tamaño de nuestras ideas, porque ocupan todo el campo de la conciencia y de la visión, en forma tal, que lo único que existe para nosotros son las ideas que vemos por falsas e irracionales que éstas sean. Nuestra realidad, está formada por la cantidad de ideas que nublan el horizonte de la visión. Por eso una mente ocupada por ideas tontas, produce reacciones emocionales neuróticas y conductas bizarras, mientras que otra con ideas luminosas ofrece la felicidad y la búsqueda incansable de lo divino.

Siempre he pensado que la mente ocupada por ideas fijas y cristalizadas, es como un televisor que tiene el selector de canales descompuesto, y que siempre aparece en la pantalla lo que se ofrece en ese canal. Si se quedó estancado el televisor en el canal cuatro, siempre verá películas de antaño, y las verá tan reales, que le costará esfuerzos imposibles por entender y no creerá que por la televisión están pasando películas del futuro con naves interplanetarias y rayos láser.

No lo creerá, porque en su campo, en su canal sólo pasan películas de diligencias y de haciendas porfirianas. La realidad, en pocas palabras, queda cercada por las ideas que aparezcan en la pantalla de la cabeza. Y si estas ideas no son borradas o cambiadas, tampoco se modificará la realidad exterior.

EL SOLDADO OLVIDADO EN UNA ISLA

Se cuenta entre los relatos de la segunda guerra mundial, de aquel soldado de los ejércitos aliados que lo dejaron custodiando una isla del Pacífico sur con la orden de defenderla contra todo enemigo, aún a costa de su vida. Y se quedó allí, solo, con suficiente abastecimiento de ropa, comida, y municiones durante muchos meses, tantos, que la guerra acabó en el centro de Europa, y él no se enteró del gran suceso. Por desgracia, con los arreglos de los tratados de paz, se les olvidó a las fuerzas aliadas, mandarle el aviso de la terminación de la guerra y del comienzo de la paz, y aquél soldado siguió vigilando y defendiendo la isla por días y días, hasta que llegaron los primeros turistas con cámaras fotográficas, lentes oscuros, trajes de baño y sonrisas francas. ¿Pero, cómo convencer al soldado que no eran espías? ¿Cómo hacerlo creer que ya no había enemigos porque ya había comenzado la paz, si su cabeza seguía ocupada con la idea pegada de la guerra y de la defensa de la isla? Imposible. El veía enemigos por todas partes y no existía otra realidad sobre las playas mas que las ideas tercas de su jaula.

EL CASO DE NOBUNAGA

Sin embargo, las ideas fijas también pueden producir efectos positivos, porque van materializando las energías que emanan del inconsciente y del medio ambiente. Las creencias profundamente arraigadas, se oye por todas partes, tienen íntima relación con los efectos milagrosos, o con las intervenciones sobrenaturales de lo divino. En relación con todo esto recuerdo el caso del general japonés Nobunaga y su leyenda...

Se cuenta que él era bravio, y estaba totalmente convencido que iba a triunfar en su siguiente batalla, aún a pesar de la superioridad numérica del enemigo, porque había 10 contrarios por cada militar de Nobunaga. Pero, él insistía que esa batalla la iban a ganar.

El problema comenzó cuando sus soldados miraron con detenimiento las polvaredas que levantaban los caballos enemigos, que por ser muchos contra pocos, levantaron la angustia y el miedo en entrar a la guerra. ' Nobunaga, vio a sus soldados temerosos, y decidió posponer las acciones bélicas unas horas mientras hacía oración en el Santuario cercano. Y allí habló con Dios... Después de algunas horas se presentó frente a su ejercito ¿y les gritó estas palabras: Oigan, - vociferó-, acabo de hablar largo con Dios, con la naturaleza, y con las fuerzas del destino, y les he preguntado sobre el resultado final de nuestra batalla... Por lo tanto, voy a lanzar una moneda al aire, si cae sol ganaremos, y si cae cruz, seremos derrotados.

Aventó la moneda. Los soldados conforme la iban viendo, entraban en un estado de manía y de euforia, que los arrojaba furiosos al campo de batalla. Y tanto que no tuvieron ninguna dificultad seria en derribar totalmente al enemigo. Al día siguiente, sobre una loma desde donde se veía el campo de batalla, acudieron los capitanes con el general Nobunaga para comentar los hechos y le refirieron: -General, cuánta razón tenia usted.

Ganamos porque el destino, lo quiso, ganamos porque nadie puede ir contra las fuerzas divinas como nos lo gritó la moneda que vimos en el suelo. Es cierto, -les respondió el general-. Y mientras se sonreía irónicamente, les entregó la moneda. Era una moneda falsa que tenía cara por los dos lados.

Concluyendo, se queda en el aire la gran pregunta ¿Qué produjo la victoria de los soldados de Nobunaga? ¿La oración del General? ¿La convicción mental y emocional de los soldados de que ganarían sin lugar a dudas? ¿Una combinación de las dos cosas? Las respuestas a esta interrogante dependerá de las formas de ver y de creer de los lectores, pero, en lo que todos estaremos de acuerdo es en el hecho de que en esta victoria de Nobunaga, todos, absolutamente todos, llevaban la idea de la victoria adherida en los repliegues de la cabeza y del corazón.

CAPÍTULO VI

El espejo y la mente.

Vimos en el capítulo anterior, los peligros y a veces los beneficios de llevar las ideas pegadas en las paredes de la cabeza. Estas ideas son comparadas con los pájaros que aletean dentro de las jaulas donde viven aprisionadas. A estas aves las clasificamos en zanates, aves de rapiña como el buitre y el cuervo, y las aves de ornato como el pavo real y el quetzal. Estas aves representan las ideas buenas y malas que se llevan en la mente.

El mensaje principal del capítulo, fue el manifestar la necesidad de cuestionar las ideas del pasado, limpiar la jaula y abrirla para las ideas grandiosas. El capítulo terminó con la importancia de cultivar fielmente las ideas positivas que se relacionan con lo divino, y lo extraordinario.

En el presente capítulo se mostrará, bajo la imagen del espejo, la importancia de tener la mente limpia de manchones del pasado y limpia de adoctrinamientos y fijaciones, porque como hemos venido diciendo, una mente ocupada, no puede captar el mundo real, ni comprender a los humanos.

En este capítulo, se marca la idea de que en el desarrollo humano, no se trata especialmente de aprender cosas nuevas, sino al contrario. El desarrollo humano insiste en: primero, limpiar la cabeza de manchas del pasado. En otras palabras, se trata de desaprender los mil errores del pasado grabados en las circunvalaciones cerebrales, y luego con la cabeza aseada y el espejo limpio, captar fielmente lo que se coloca enfrente.

LA MENTE Y EL ESPEJO

Es interesante el observar cómo un espejo va reflejando las cosas que se le ponen enfrente; si se le coloca cerca un oso de peluche, el espejo se pinta de color café y retrata momentáneamente toda la figura del oso. Se puede decir que ante el testimonio de los ojos, el espejo se llena del peluche, del color y del tamaño del oso. Sin embargo, si giramos el espejo hacia un lado, unos 180 grados, vemos que la figura del osito desaparece al mismo tiempo, que la superficie del espejo se impregna de pared y de alfombra o de los objetos que estén alineados hacia su cara.

Pensando en las utopías de la mente perfecta, la imagen del espejo, nos da la clave. Para poder captar algo nuevo, se necesita borrar las impresiones y las imágenes del pasado, porque ¿qué pasaría si al girar el espejo, se quedara impresa la imagen del oso? La respuesta es clara... no podría reflejar ningún otro objeto aunque se lo restregaran. Es evidente que para poder captar otras realidades con pureza, la mente necesita borrar las impresiones anteriores.

En la vida de todos los días, constatamos que cuando se nos graba la impresión de alguien, es difícil el que aceptemos el resto de su realidad. Si alguien mata un perro, ya queda grabada en la mente la imagen, y aquel ser, que por meras circunstancias anecdóticas mató un can, ya quedó convertido en el mata perros de la colonia o del barrio. Quizá por estas razones el refrán popular lo confirma, y la conseja general dice: «crea fama y échate a dormir». Todo en la misma línea; las personas cuando graban en el espejo de la mente una impresión, ya no la borran y en vez de relacionarse con la gente, prefieren seguirse relacionando con la imagen que han impreso de ellas. Es común y corriente; cuando nos dejamos impresionar por la murmuración que destrozó la fama de una mujer y dejó el rumor de ser una mujer ligera, los compañeros que se le acercan buscan detalles para confirmar ese rumor.

LA CAÍDA DE LOS AMIGOS Y LOS HÉROES DE PIES DE BARRO

Es indiscutible el hecho de que la inmensa mayoría de la gente no se relaciona con las personas reales, sino con la fantasía y con la imagen que han impreso de ellas, y las impresiones son como agua remansada de un río, que se mete en una tina, se separa del resto, mientras el río sigue moviéndose corriente abajo. Entre más manchada este la mente, más las personas insisten que el río es el charco aprisionado, o los 20 litros de agua captados en el recipiente metálico. Por estas razones expuestas con anterioridad, captamos que cuando las amistades son superficiales, se derrumban cuando los amigos actúan distinto de las impresiones dejadas en los compañeros. Por eso, igualmente, entran en crisis los matrimonios después que se rompen los idilios del enamoramiento. Sencillamente porque los amores en su inicio, se nutren de puras impresiones que manchan el espejo, y ya no dejan captar la realidad restante del otro. El enamorado ve los ojos azules, o el movimiento del cuerpo de ella cuando camina. Y no ve más, no puede. Y las personas que no están enamoradas captan limitaciones en ella o en él, que les llevan a presagiar conflictos peligrosos, si la pareja no despierta, limpia los espejos y acepta con valentía el montoncito de limitaciones humanas que está dentro del paquete de cada uno.

Quizá el amor se dé cuando se borran las impresiones, y se tiene fuerza de comprender y de aceptar del otro sus limitaciones, y se le acepta sencillamente así, y precisamente porque es como es. Cuando alguien dice: se me derrumbó fulano, se me cayó la amistad de Pedro hasta el suelo, se está afirmando, que la amistad estaba basada en impresiones positivas que pronto se contaminaron, cuando apareció un poco más de la persona real. Y los héroes de pies débiles, son aquellos artistas, líderes de pacotilla encumbrados momentáneamente por la propaganda o los parentescos, que dan una impresión maravillosa, y luego se va desvaneciendo conforme se dejan conocer.

En relación con todo esto, vuelve a surgir la inquietud, que como hilo dorado ha ido hilvanando los párrafos y los capítulos anteriores. Y qué hacer si nuestra mente es tan susceptible de dejarse llevar por las impresiones. ¿Qué hacer, si continuamente salen impresiones negativas y dolorosas que se van quedando grabadas? La respuesta momentánea, es ésta: conviene conservar las impresiones positivas de uno mismo, y de los demás suspender el juicio, cuando se nos presentan los chismes y las murmuraciones en contra de los demás. Es sano recordar que aquí como en la China, nadie es malo a no ser que lo pruebe, lo constate con evidencias más allá de las meras impresiones.

LAS CONSECUENCIAS DEL ESPEJO MANCHADO

Kosinsky narra en su libro *El pájaro pintado* la escena de cómo unos cazadores de aves, las capturaban en la parte profunda del bosque para colorearlas con pinturas de diversos colores y luego soltarlas del cautiverio y observar lo que les acontecía. En una de las ocasiones tomó a un cuervo, cuyas alas pintó de rojo, el pecho de verde y la cola de azul, y después estuvo esperando a que apareciera la bandada de cuervos a la cual pertenecía el pájaro pintado. En el momento preciso en que se apareció la bandada, soltó al cuervo manchado el cual se apresuró rápidamente para unirse a la parvada, y sorpresivamente dio comienzo una batalla desesperada, porque el ave transformada fue atacada por todos los lados. Plumas rojas, verdes y azules empezaron a caer junto a los pies de los cazadores, mientras los cuervos revoloteaban frenéticos en el cielo, y repentinamente el cuervo pintado cayó pesadamente sobre la tierra recién arada... narra Kosinsky: «Aún, estaba, vivo, abría el pico e intentaba en vano mover sus alas. Sus ojos le habían sido arrancados a picotazos y sobre sus plumas pintadas manaba sangre fresca. Hizo un nuevo intento por levantarse de la tierra pegajosa, pero ya no le quedaban fuerzas...»

En este extraordinario libro de Kosinsky se pone el símbolo perfecto, de lo que acontece con los pájaros pintados, o de las personas manchadas de pintura de colores por los grupos humanos. El pájaro pintado, era exactamente igual a la parvada, por eso hacía esfuerzos imposibles por mezclarse con los suyos, pero éstos al verlo «raro y pintarrajeado» huían. El cuervo manchado, se zambullía en el aire, dentro de la parvada, y ésta cambiaba de rumbo, luego el pájaro pintado daba vueltas de un extremo al otro probando que era igual a sus congéneres, pero era rechazado cada vez más lejos, hasta que se volearon contra él en un ataque encarnizado.

En relación con lo que acontece en el mundo de las aves, sucede exactamente lo mismo en la vida de los humanos, porque cuando se vive con la mente manchada de cierto color, exclusivamente aceptamos y distinguimos a las personas y a las cosas que coinciden con los colores que llevamos impresos, y todos los seres que presenten otras tonalidades, quedan automáticamente clasificados como raros, como extraños, hiperbólicos, que deben ser atacados y destruidos en alguna forma. Si los demás no piensan como nosotros, y sienten como la mayoría, acaban siendo las víctimas, propiciatorias de los grupos y de las familias. Siempre el hijo morenito, en una familia de rubios es el que sale pagando los platos rotos de los hermanos, y es el candidato para ser bufo, y chivo expiatorio de los problemas familiares. El mismo, por el hecho de sentirse diferente acaba adjudicándose la etiqueta, de raro y de extraño para sí mismo, gracias a los impactos verbales y emocionales de la mayoría familiar.

La oveja negra, cuando se diferencia de los miembros del rebaño es arrojada fuera del grupo y destruida por el único pecado de no ser igual a todos los demás.

Juntamente con las actitudes destructivas de los grupos, se da otra reacción igualmente humana pero deleznable, si algunos de la mayoría, quieren destruir al que les cae mal, y les hace despertar rabias, la táctica infalible para encender la cólera de la mayoría en contra de la víctima, consiste en pintarrajearlo de colores distintos, consiste en mancharlo y hacerlo diferente, para crear la histeria agresiva del grupo en contra del diferente, y del raro y extraño.

LOS RACISMOS IRRACIONALES Y LAS DISCRIMINACIONES SOCIALES

En consecuencia del pájaro pintado y de los espejos manchados, aparecen las actitudes irracionales de los racismos y de las discriminaciones de todo tipo, y de todo estilo, porque existe una verdadera compulsión a aceptar nada más aquello que es igual a nosotros y rechazar todo lo que veamos distinto y sintamos heterogéneo. Por eso todo el mundo busca hacer sus clubs de Toby y de Lulú, y levantar límites y barreras en contra de todos los que no pertenezcan con las credenciales de la similitud en religión, dinero, belleza, abolengo, clase social, profesión, color y demás detalles de importancia relativa a cada grupo.

UNA REFLEXIÓN

Caminando por el Zócalo me dio por preguntarle a varias personas qué era lo que veían en los transeúntes que pasaban por enfrente de la Catedral Metropolitana, y lo que vieron fue: gente rica, y gente pobre, gente cristiana, gente política, turistas de otros países, porque decían: ése es rico, ése es pobre, ése otro no es de aquí... Me quedé pensando, y caí en la cuenta que cuando vemos a los demás, nunca vemos personas que luchan, que sufren, que lloran y ríen, solamente vemos las coloraciones que llevamos impresas en nuestro espejo interior.

Pensando en estas mismas cosas, en alguna ocasión, me tocó asistir a una quema de brujas moderna, quema psicológica, pero exactamente igual de canibalesca a las del siglo XVI. Eran cinco hermanas, de una familia tradicionalmente religiosa, y una de ellas, linda, y sana como las demás, pidió permiso para pasar un fin de semana con unas amigas en Acapulco. Era el

tiempo del cambio de semestre en la Universidad, y todo había transcurrido bien, hasta que le llegó a los padres la llamada telefónica de un pariente cercano, un hermano del padre, donde narraba algo Dr. H. Jaramillo muy intolerable para la familia y para la buena educación de las hijas. Dijo la voz del teléfono...
« Vi ayer en la noche a tu hija, la mayor, salir del cuarto de un hotel, abrazada por un desconocido».

La llamada entró cuando estábamos todos reunidos en la sala antes de la cena. El señor de la casa me prohibió hablar e intervenir, porque yo no conocía la forma de manejar las cosas en su familia.

Aquel hombre, mandó cerrar la puerta de la cocina, y comenzó el enjuiciamiento, el ataque verbal, el diagnóstico de mala hija y la condena.

Conforme el padre pintarrajeaba a la hija con los colores de pecadora y mal agradecida, las hermanas la iban viendo distinta y a la par la iban desconociendo en silencio.

LA QUEMA DE BRUJAS

Tiempo atrás, acontecía lo mismo: se reunía el grupo humano, y se creaba en una de las integrantes el matiz de la diferencia, se producía la agresividad histérica, y se le expulsaba a la noche y a la vida agreste. Por eso, las brujas de todas las regiones viven las mismas características: mujeres de pelo largo, vestidas estrafalariamente, uñas descuidadas, y siempre asociadas al gato, al lobo y a lo tenebroso. Punto que hemos tratado con más detalle en otras publicaciones.

CONCLUSIÓN FINAL

Actualmente, cuando los religiosos, los trabajadores sociales, se meten a fondo a darles voz a los sin voz y a realizar trabajos de acción social con la finalidad de colaborar en la redención de los más pobres, se desata automáticamente la pintura mata cuervos de las partes menos concientizadas en los problemas sociales. Y se les pinta de rojos, de comunistas y más ataques, hasta que acaban picoteados en los sótanos de las cámaras de tortura.

En la línea misma de esta conclusión, cierro este capitulo con el pasaje conocido del libro *El loco*, de Gibrán, sobre el Rey sabio... Una vez gobernaba en la remota ciudad de Wirani un rey que era sabio y poderoso. Y era temido por su poder y amado por su sabiduría. En el corazón de aquella ciudad, había un pozo cuyas aguas eran frescas y cristalinas, y del cual todos los habitantes bebían, incluso el rey y sus cortesanos, porque en Wirani, no había otro pozo. Cierta noche, mientras todos dormían, entró una bruja a la ciudad, derramó siete gotas de un extraño líquido en el pozo, y dijo: «*De ahora en adelante, todo el que beba de esta agua se volverá loco...*»

A la mañana siguiente, todos los habitantes, salvo el rey y su gran chambelán, bebieron del pozo y enloquecieron, tal como lo predijo la bruja. Y durante aquel día, todas las gentes de las calles estrechas y en la plaza pública, no hacían sino murmurar uno al otro: El rey está loco.

Nuestro rey y su gran chambelán han perdido la razón. No podemos ser gobernados por un rey loco. Debemos destronarlo. Al anochecer, el rey ordenó que le llenasen un vaso de oro con agua del pozo. Y cuando se lo trajeron, bebió ávidamente y dio a su gran chambelán a que bebiese.

Y hubo gran regocijo en la remota ciudad de Wirani, porque el rey y su gran chambelán habían recobrado la razón... Este cuento concluye bellamente lo que hemos venido exponiendo: cuando se vive con el espejo sucio, solamente se captan las manchas impresas.

Curiosamente, el rey por no haber bebido agua del pozo estaba sano, pero, los que sí habían bebido aguas malignas al verlo distinto a ellos lo tachaban de loco. La mayoría unificada no capta su propia locura, sólo capta las diferencias. Y cuando el rey enloquece y pasa a ser parte de las mayorías, y se hace igual a ellos, recibe automáticamente el reconocimiento de sano, listo y quizá hasta sabio, porque es del tamaño del conformismo.

CAPÍTULO VII

Los focos verdes y la mente.

En el capítulo anterior, hicimos la comparación de la mente con un espejo manchado que proyecta lo que lleva impreso hacia el mundo exterior. La consecuencia de tener la mente llena de adoctrinamientos y de impresiones del pasado, produce el ver a las personas como si fuesen aves pintarrajeadas según el excelente libro de Jerzy Kosinsky, expusimos algunas de las consecuencias de esto, manifestados en los racismos, las discriminaciones, las quemas de brujas familiares y sociales.

Terminé con el cuento de Gibrán, Jalil Gibrán, sobre el rey sabio, para hacer ver, cómo las mayorías no descansan hasta borrar a las personas diferentes, exactamente igual a como hacen los cuervos con el ave pintarrajeada.

En este capítulo aparecerán una serie de experimentos de laboratorio donde reaparece la tesis inicial: no vivimos en el mundo, sino cada quien vive dentro de su propio mundo fenomenológico. Los experimentos y casos que aparecerán, son el de los focos verdes; el caso del Doctor Jackson, los Changos de Harlow y otros...

LOS FOCOS VERDES Y EL HECHIZO DE LA MENTE

Las diferentes escuelas psicológicas discuten si los líderes son natos o producidos por los entrenamientos de familia o de grupo, lo mismo, si los poetas y los oradores nacen o se hacen. A base de estas discusiones, están las teorías genéticas, afirmando sobre todo el primer punto, los líderes, los poetas y los oradores nacen con predisposiciones hereditarias, y bastan las ocasiones para que broten los personajes. Y por el contrario, las escuelas del aprendizaje social defienden la tesis siguiente: las personas se van haciendo a golpe de condicionamientos grupales de todos estilos, y como consecuencia de los entrenamientos que vayan recibiendo.

Mi postura personal, va más apegada a la tesis de los condicionamientos sociales que van impregnando la mente. Sin embargo, resultaría infantil no reconocer las miles de influencias y condicionamientos de la herencia y de sus leyes a veces inexorables. Sin embargo, concedo más poder a las fuerzas sociales y familiares sobre los tipos de personalidad que formamos, y sobre las conductas que emitimos.

Aunque la investigación sobre estas dos posiciones es abundantísima, me impresionó especialmente aquel caso familiar sobre una niña que por ignorancia y deseo cuando les nació, la trataron como varón, durante toda la infancia y la adolescencia hasta que sin saberlo, este hombre, en realidad mujer, se casó con su novia. Esta familia para más detalles, era indígena. Por desgracia de esas familias perdidas, en algún rincón, entre las montañas, aislada de toda civilización, y de toda cultura más evolucionada.

Cuando por motivos de una intervención quirúrgica, se descubrió; que no era hombre sino mujer se plantearon muchos problemas, pero el más importante: la definición de su sexo. Después de muchos estudios de médicos, y demás especialistas, llegaron a la conclusión, de que era mil veces más fácil cambiarle el cuerpo, y condicionarle de genitales masculinos, que intervenir psicológica y moralmente hasta el fondo de su alma troquelada por las huellas de los mensajes familiares, y cambiarle la mente.

Muchos casos parecidos son citados en los estudios de Margaret Mead, sobre las culturas de Samoa, donde los hombres por los condicionamientos de muchas generaciones son los que experimentan los sufrimientos del parto cuando sus esposas están dando a luz.

LOS FOCOS VERDES Y LA MENTE

Se ha hecho varias veces en Estados Unidos el experimento de un estudiante de física, con la obligación de discutir durante una hora sobre el tema frente a tres catedráticos de la universidad. Los cuatro contendientes, debían responder todas las preguntas que les hiciesen, el grupo de decanos y de jueces situados alrededor de la mesa de discusión de los cuatro. Estos decanos iban a mover teclas de tableros electrónicos, para encender frente a cada uno de los que hablara, un foco verde en señal y reconocimiento de que lo que había dicho, era válido, de calidad, y de total aceptación por el jurado, mientras que si se encendía un foco rojo, el mensaje era el opuesto; indicaba que su respuesta dada era confusa o equivocada, según el veredicto de los jueces.

La prueba comenzó ante las cámaras de video del circuito cerrado, el estudiante mostraba todos los síntomas de la angustia: el rostro desencajado, el cabello alborotado, y un continuo tartamudeo al expresarse, mientras que los tres maestros aparecieron con el rostro tranquilo y la expresión mesurada, sin embargo, conforme se iba desarrollando la discusión, los focos verdes se iban encendiendo en el lugar del estudiante, mientras que los rojos casi explotaban frente a los casilleros de los maestros, lo cual hizo que se cambiaran las dosis de angustia en los ponentes.

En las Pantallas de video, los maestros empezaron a descomponerse, despeinarse y tartamudear por el impacto de las luces rojas, mientras el estudiante se recobraba y aumentaba en seguridad, y expresión clara y atinada. Las manifestaciones del estudiante fueron cada vez mejores, y las de los maestros casi caóticas.

Cuando terminó el tiempo reglamentado para el debate, los decanos pidieron a los panelistas que alguno de ellos sacara la conclusión de las ideas debatidas, y sorpresivamente, los tres maestros por unanimidad, decidieron que éstas fuesen declaradas por el estudiante universitario.

¿Qué había sucedido? Este estudiante sabía algo de física, puesto que ya había cursado algunos semestres de Gollege, pero los maestros eran expertos en su materia. ¿Por qué estos cambios? ¿Cómo fue que un estudiante tímido y confuso al principio de la discusión, la terminase seguro, claro y preciso? Para responder a estas preguntas es útil hacer un viaje de interiorización y de inferencia hacia las mentes de los debatientes y entender que era lo que estaban viviendo ante las luces rojas y verdes que se les encendían justo al finalizar cada intervención.

El estudiante, cada vez sentía con los flechazos verdes, que los decanos, le daban la razón, lo apoyaban y le daban la seguridad de continuar. En pocas palabras, le devolvían la confianza total en él mismo con cada foco que le encendían, mientras que los maestros, perdían confianza en ellos mismos por el ataque de los decanos con las luces rojas.

Aunque en este experimento, se puso una especie de trampa que consistió en lo siguiente: los jueces encendieron al estudiante luces verdes a cualesquier contestación que éste diese, y rojas a los maestros, independientemente de las respuestas que ofreciesen, ya buenas ya malas. El estudiante acabó dominando el grupo, y los maestros en la peor de las confusiones intelectuales de su vida.

APLICACIÓN DE LOS FOCOS VERDES A LA FORMACIÓN FAMILIAR Y CRUPAL

La riqueza de inspiraciones y reflexiones que ofrecen este tipo de experimentos es inagotable porque su aplicación a la vida de la familia y de la formación de líderes es inmediata.

¿Por qué existen culturas y países, que se levantan en ciertos períodos de la historia como gigantes del desarrollo intelectual, económico, y social, mientras que otros se van quedando a la deriva? ¿Por qué existen familias donde se generan hijos dispuestos a luchar y a triunfar en las tareas que emprenden aún a pesar de todos los obstáculos que las circunstancias les pudieran poner? La respuesta no conviene ponerla en la riqueza o en la pobreza genética de los componentes de las culturas porque caeríamos otra vez en racismos anacrónicos como los que llevaron a la confusión de muchos, cuando creyeron que los arios eran razas superiores a las del resto de la humanidad. La respuesta más aproximada a la realidad, considero que va en la línea del tipo de educación que recibe una cultura en general y una familia en particular.

Existen familias, donde la educación se basa en el continuo encender de focos verdes al hijo, y por ello se desarrolla sintiéndose amado, respetado, y estimulado, en forma tal, que acaba creyendo en él mismo, amándose y confiando en él más que en los apoyos exteriores. Sin embargo, existen familias donde el sistema de educación, se fundamenta en los focos rojos: la burla, el castigo, el regaño, el adoctrinamiento negativo, en el como eres malo y pecador porque desobedeces las normas de la casa.

EQUILIBRIO DE LUCES ROJAS Y VERDES

En relación con los principios del aprendizaje social, como el determinante del tipo de hijos de una familia y de una nación, es bueno encontrar la proporción exacta de luces, para no formar un acomplejado por el exceso de castigos y rechazos, (luces rojas) ni tampoco a un narcisista, por la sobre abundancia de premios, halagos, concesiones y caricias, (luces verdes). Opino que la proporción exacta, estaría en darle a los hijos un flechazo rojo, ante una conducta disfuncional e inadecuada según los valores de la familia, a cambio de 10 luces verdes por cada conducta sana, positiva, de colaboración familiar. En estas proporciones, el hijo crecerá, con una dosis suficiente de amor, confianza y fe en él mismo, a la par que se desarrollará con límites, valores y actitudes de respeto ante los derechos ajenos.

EL CASO DEL TELÉFONO HÚMEDO Y EL NIÑO MALCRIADO

Los castigos en universal, resultan contraproducentes, y estos castigos son los que se dan cuando los padres pierden el control ante una conducta disfuncional de los hijos, cuando desobedecen o son francamente niños majaderos.

Recuerdo el caso de un padre con un hijo de cuatro años que cambió de actitud educativa y encontró la proporción exacta en la aplicación de los focos rojos y verdes. Este hombre vivió dos momentos distintos en la educación de su hijo. El primero fue nefasto, porque sin darse cuenta estaba formando a un hijo inseguro y berrinchudo, y en el segundo, a un hijo con más probabilidades de llegar a convertirse en un hombre feliz y constructivo.

PRIMER MOMENTO EDUCATIVO

En varias ocasiones, el padre no podía comunicarse telefónicamente con su esposa, porque con demasiada frecuencia el aparato estaba ocupado. Si era cierto que la señora pasaba horas platicando con las amigas de la colonia, o consultando algunas cosas con parientes. Y el hecho es que el teléfono estuviese continuamente ocupado ya había producido muchos problemas en la pareja, porque cuando él invitaba amigos a cenar, no se había preparado lo necesario para atenderlos adecuadamente, y la razón, casi de ordinario, era la imposibilidad de que entraran las llamadas a buen tiempo. Sin embargo, algunas veces, el niño jugaba con el aparato, como si fuese automóvil con alambre, o submarino en un balde con agua.

Una noche se encendió el pleito en la pareja por el motivo de siempre. Y en la cocina la esposa aseguraba, que ella no había tomado el teléfono en toda la tarde, y él ya no le creyó hasta que fue a la sala, y vio el aparato descolgado, metido en una tinita de plástico. Y la furia contra el hijo se le desbordó; le gritó, le dio un manazo que hizo llorar al niño, y luego se sentó frente a la televisión. En frente, el hijo lloró, pidió perdón, quiso acercarse a darle un beso en a mejilla de reconciliación, pero el padre continuaba con su lámpara roja, callado, seco, déspota, displicente. Después de la tragedia emocional, el niño jugó a los dados y el padre no comentó nada, y no quiso darle las buenas noches. Ya en la cama el niño lloró, y casi seguramente, sintió algunas dudas de si su padre le amaba.

SEGUNDO MOMENTO EDUCATIVO

El padre, después de haberse molestado con la esposa por culpa de las travesuras del hijo, va y al ver al niño jugando con el teléfono, se le acerca, y le da un manazo fuerte en las manitas inquietas del hijo.

Cuando irrumpe en llantos, bajan la abuela, la madre y la nana, con intenciones de rescatar al niño, protestando contra la agresividad del papá pero, el padre, les pide que se retiren, ya les explicará después. El padre, en control total de su coraje, espera la siguiente reacción del hijo, y cuando éste pide perdón, él se acerca al niño lo besa y le dice: siempre te he querido, no hay problema. Pero, cuando los hijos notan los focos verdes, a veces se animan a hacer excesos, y el niño vuelve sobre el teléfono para humedecerlo y convertirlo en barquito. Y esto es lo fundamental del segundo momento: el padre vuelve a pegarle otro manotazo. El niño al llorar no es apapachado por nadie.

Sin embargo, es besado cuando juega con los cubos de madera, y es abrazado cuando le da por cantar... Finalmente, cuando llega la hora de dormir, el hijo, lleva dos sentimientos claros en el corazón: Primero :mi padre me ama, y soy importante para él. Segundo: no quiere que juegue con el teléfono. Este es el equilibrio de las luces: por cada foco rojo, es necesario encender diez verdes.

REFLEXIÓN FINAL

Se platica que en los tiempos de la revolución francesa, en un hospital de neurología, dejaron en la tabla de operaciones el cerebro de un hombre que en vida había descollado en los campos de la ciencia, con la intención de ver por el microscopio las diferencias con los demás cerebros. Pero, por descuido, un estudiante, colocó antes de retirarse, junto al cerebro del sabio, un cerebro de un pordiosero, encontrado muerto cerca de un basurero. Los dos cerebros se quedaron en la misma tabla de intervenciones quirúrgicas, y cuando al día siguiente llegaron los inventores para hacer los trabajos de disección, no pudieron distinguir cuál era el cerebro del pordiosero, y el del sabio.

Extrañamente, los dos cerebros muertos eran idénticos, y en cambio el sabio comparado en vida con el pordiosero, marcaba todas, absolutamente todas las diferencias: sociales, morales, económicas, en realización humana...

La gran diferencia estaba probablemente en las cantidades de luces verdes y rojas que las dos personas recibieron en vida. Me imagino al sabio, rodeado de gente que le apoyó desde niño y al pordiosero, atacado y rechazado. en proporciones mayores a los amores recibidos. El poema de Rudyard Kipling que ha inspirado a tantas familias, resume el fruto de la educación de los focos verdes.

Este poema lo tituló con la condicional del «*Si...*»

«Si puedes estar firme, cuando en tu derredor todo el mundo se ofusca y tacha tu entereza; si cuando dudan todos, fías en tu valor y al mismo tiempo sabes excusar tu flaqueza; si puedes esperar y a tu afán poner brida, o blanco de mentiras, esgrimir la verdad, o siendo odiado, al odio no dejarle cabida y ni ensalzas tu juicio ni ostentas tu bondad; si sueñas, pero el sueño no se vuelve tu rey; si piensas y el pensar no mengua tus ardores; si el triunfo y el desastre no te imponen su ley; y los tratas lo mismo, como a dos impostores; si puedes soportar que tu frase sincera sea trampa de necios en boca de malvados, o mirar echa trizas tu adorada quimera y tornar a forjarla con útiles mellados; si todas tus ganancias poniendo en un montón las arriesgas osado en un golpe de azar, y las pierdes, y luego, con bravo corazón sin hablar de tus pérdidas vuelves a comenzar si puedes mantener en la ruda pelea alerta el pensamiento el músculo tirante, para emplearlos cuando en ti todo flaquea, menos la voluntad que te dice adelante, y entre la turba das a la virtud abrigo; si, marchando con reyes, del orgullo has triunfado; si no pueden herirte el amigo ni enemigo; si eres bueno con todos pero no demasiado, y si puedes llenar los preciosos minutos con sesenta segundos de combate bravo, tuya es la tierra y todos sus codiciados frutos y lo que más importa: ¡serás hombre, hijo mío!

CAPÍTULO VIII

La realidad no enferma, la mente sí.

En el capítulo anterior vimos que la mente es modificable, y al mismo tiempo moldeable, gracias al tipo de educación que se recibe, ya que las influencias que se dan en el aprendizaje social, y en los condicionamientos familiares son más hondos que hasta las influencias hereditarias. Siguiendo esa tesis, se marcó la importancia de los reforzadores positivos, de las caricias, o de las relaciones interpersonales positivas, representadas por los focos verdes en el experimento con un estudiante universitario. También se expusieron las consecuencias de la educación, de rechazo, de castigo, y de odios solapados. Finalmente terminó el capítulo con la sugerencia de impartir educaciones donde la proporción de premios, en relación a los castigos fuera de 10 a 1, situación que se resumía en el poema de Kipling.

En el presente capítulo se verá el experimento de los monos de Harlow donde se muestra que la realidad no es la que enferma, no es la que debilita, y hace sufrir, sino las imaginaciones descontroladas de una mente hechizada.

LOS MONOS DE HARLOW

Es muy alentador el pensamiento de que muchos de los problemas humanos tienen sus causas en los aprendizajes equivocados en la edad llamada temprana. Da esperanza sobre la posibilidad de cambios personales, el suponer que aprendimos a ser tímidos, cnojoncs, o retraídos, y que podemos desaprender los patrones de conducta equivocados para reaprender formas de ser más positivas y audaces, que arrojen más satisfacciones personales.

Es cierto, la personalidad y la forma de ser se constituye, no por las cosas que nos suceden sino, principalmente por las reacciones que damos a los acontecimientos que vivimos, y a las circunstancias que se nos presentan. No son los viajes los que enriquecen sino la actitud que da el viajero, a los ambientes nuevos, a las piedras de las pirámides y los viejos castillos, lo que le enriquece. Porque existen personas que con actitud negativa, al caminar por las calles de ciudades nuevas, no van pisando sus banquetas, sino que van caminando dentro de una prisión interior donde reafirman sus respuestas de siempre " qué gente tan rara, qué gobierno tan despreocupado, qué descortesía... " Y así: hasta el fondo de la añeja y oscura negatividad.

Somos nuestras respuestas a la vida, por eso, en el momento que dentro de nosotros se cambie la forma de responderle a la vida, ésta cambiará, y en el instante que se cambie la actitud mental, el mundo aparece nuevo y distinto. Sencillamente, todo lo exterior aparece transformado por efecto de la renovación interior.

Se hizo tiempo atrás, un experimento con changos monovitclinos, productos del mismo cigoto, para lograr que ambos tuviesen el mismo equipo biológico y ver con exactitud los cambios de la investigación.

Se colocó al primero de los simios gemelos en una silla eléctrica donde le aplicaron 60 descargas eléctricas durante una hora, y en un período de 30 días. El antropoide estaba encadenado de los brazos a los descansos de la silla por una cinta metálica, de la cual salían las descargas. La pantalla de video mostraba que a cada descarga el mamífero, brincaba, se le erizaban los pelos, desorbitaba los ojos, y sin más recibía las siguientes descargas. Al chango, gemelo del primero, se le sentó sobre la misma silla de tortura, y se le administraron exactamente la misma cantidad de descargas, con la idéntica intensidad de los microvoltios, en cantidades iguales de tiempo, sólo se modificó una variable: al simio número dos, se le adiestró a que pudiera mover una palanca colocada en la mano del brazo derecho, la cual, si la accionaba un segundo antes de la siguiente descarga, podía cerrar el interruptor y evitar el shock eléctrico. Sin embargo, como el programa de microvoltios no tenía un ciclo regular, ya que unas llegaban seguidas cada segundo, y otras con intervalos de 5 ó de 10 seguidos, el animal, por más que movía la palanca, no podía atinar para frenar el shock. En la pantalla de televisión se observaban momentos de intensa angustia, sobre todo cuando desesperadamente movía la palanca frenético, para todos los lados, queriendo librarse del castigo inminente.

La prueba final del experimento consistió, en una operación en canal, para ver los cambios en las víceras y los centros vitales de los changos.

Los resultados fueron impresionantes, porque el primer chango, al estar en la sala de operaciones, manifestó que todos sus órganos interiores eran perfectamente sanos, pero la sorpresa para muchos de los investigadores consistió en ver las entrañas del segundo simio: tenia las paredes del estómago ulceradas, en las venas había taponeamientos que iban en camino de problemas cardiacos y se veían en algunas partes pigmentaciones malignas; y lo inaudito para todos es que los dos animales habían recibido la misma dosis de tortura 60 descargas durante una hora, a lo largo de 30 días y de la misma intensidad de microvoltios...

¿Qué había producido las enfermedades del segundo chango?

LA MALDAD DE LAS EXPECTATIVAS

En relación con los pensamientos que brotan de la observación de este tipo de experimentaciones, aparte de la molestia por seres indefensos, como son los animales, vienen otros insights muy aleccionadores.

El chango primero, estaba arrojado a una realidad cruda y

brutal sin ninguna defensa, y sin trincheras. Por lo tanto, se puede inferir, con sensatez que su actitud ante la realidad dura fue la de la aceptación total o por lo menos la de la resignación, sin ofrecer ningún estilo de resistencia. Recibía la descarga y casi se preparaba para la siguiente. Mientras que el segundo simio, fue aleccionado a resistirse, a atrincherarse contra lo que no podía controlar, y eso fue lo que en su cabeza le fue enfermando. Este chango tenía expectativas absurdas al mover la Palanca y pretender con ello evitar una descarga que ignoraba cuando iba a llegar, y lo que le dolía más que la realidad, era esa angustia desesperada por evitar lo inevitable. La resistencia a la realidad, en pocas palabras, él iba ulcerando las mucosas del estómago. Es un hecho: la mente mata más que la realidad. Asi, cuando las expectativas son malas y se vive la vida atrincherado, por miedo a vivir, con temor a arriesgarse, ya que puede haber robos, ya que puede haber resfries, y también fracturas, y todo es defenderse del agua que moja y del sol quemante, se está viviendo en el ácido interior.

LAS PREOCUPACIONES SON ÚTILES

En las educaciones tradicionales, siempre es mejor visto el hijo preocupón que el hijo despreocupado. Y en los momentos difíciles al hijo de manga ancha, que sea como su hermano el tenso y desesperado: Es que deberías de preocuparte como tu hermano. Mira cómo se turba ante la enfermedad de la abuela.

Pero, la verdad es que las preocupaciones son inútiles, porque aunque toda la familia se desbaraten en preocupaciones, jamás se logra alterar el curso de la vida por efecto de ese extraño autor tormento.

Es decir, por más que se preocupen los hijos y los nietos jamás se logrará añadir un centímetro a la vida y la salud de los enfermos.Sin embargo, en los hospitales y en las tragedias, reciben más alabanzas sociales los que se jalan los cabellos de desesperación, que los que se ponen tranquilamente a leer un libro frente a lo inevitable, y de cara a lo que ya no tiene remedio.

Preocuparse, es inútil, porque desde su etimología, hasta su realidad no es más que un vicio de la mente: preocupación, viene del sufijo latino. *"pre"*que significa *antes de...* Y del vocablo, *"ocupare"* cuyo sentir es el de *dedicarse a algo activamente,* de donde se concluye que en buen castellano, preocuparse, quiere decir, la serie de pensamientos, expectativas y fantasías inútiles que configuramos en la mente antes de ponernos a realizar algo con efectividad.

Sin embargo, la preocupación, perdura dentro de nosotros, quizá por ciertas ganancias inconscientes de valor supersticioso... algo así, como ya me preocupé, y como ya cumplí con una buena dosis de sufrimiento, por lo tanto ya no le pasará nada a mi bija que no llega, ni le acontecerá nada malo a la abuela que lleva varios días enferma en cama...

Más sano que preocuparse, es planear y ocuparse en llamar, a la hija que no llega, y en conseguir al médico y las medicinas pertinentes al enfermo. Pero fuera de eso, lo sano es tranquilizar la mente, rezar, leer un buen libro y evitar que el ácido acabe enfermando las paredes del estómago, como al chango.

LA BONDAD DE LAS EXPECTATIVAS

Pero también es igualmente cierto que las expectativas positivas llenan el alma y la mente de energía y de felicidad, muchas veces más que la misma realidad, porque la mente inventa obviamente, fantasías exageradas que hechizan el momento y lo hacen placentero.

Los enamorados gozan mil veces más sus fantasías del matrimonio, y del vivir juntos, que la dura realidad de compartir noches y días por más de cinco años. Y mucha gente que vive de imaginaciones, goza mucho más la expectativa e irse de vacaciones a Acapulco, donde sueñan con el coeo de ginebra, la playa tibia y el agua caliente enjuagándoles los pies, que la realidad del mar con olores fuertes a pescado, sudor en la piel pegosteada de arena, y turistas entrometidos por todas partes.

LA EXPECTATIVA GENIAL: EL VIAJE A ITACA

Constantino Kavafis, el poeta griego, describe en su poema "Itaca" la actitud de la expectativa positiva, que es la de llegar a Itaca. Sugiere el autor que los navegantes, guarden estos tres principios para que hagan el viaje con todas las energías del viento, soplando en sus velas:

1.- Llevar siempre a Itaca en la mente, o estar siempre llenos de la expectativa positiva.

2.- Que el camino sea largo, porque es preferible llegar a Itaca en la parte final de la vejez.

3.- Tener un viaje lleno de experiencias y pleno de aventuras.

Estos tres principios se clarifican cuando se comprende que lo esencial en la vida no es llegar al puerto, sino hacer el viaje con el alma llena de ilusiones, por eso cuando se llega viejo a Itaca, y no se encuentra en la isla de los sueños, en la isla de las utopías, la realización de los ideales, ya no importa, Itaca no defraudó, porque sin Itaca no se hubiera realizado lo esencial: aventarse al mar y hacer el viaje... porque en esta vida lo que importa es vivir intensamente cada día más que realizar las utopías.

Haciendo una paráfrasis del poema, vemos que Itaca representa el lugar prodigioso donde se encuentran los tesoros más preciados por el corazón humano: están las fuentes de la eterna juventud, las raíces del éxtasis y los tesoros más cuantiosos.

Los marineros que se embarcan a la búsqueda de la fantástica isla llevan en la mente y el corazón el deseo de la llegada, y mientras tienen presente en la mente esta expectativa, navegan sin miedos a la noche, ni al cansancio ni al fastidio, unidos todos por sentimientos de hermandad y de amor.

Basta un solo momento para que Itaca desaparezca de sus mentes, porque no encuentran rastros de ella a su paso sobre las aguas, para que se desanimen, se dividan, se llenen de furias y sean presas de los monstruos de la angustia y del odio. Pero, la esperanza revive junto con la expectativa de llegar al ideal, porque alguien grita que Itaca está más allá, cerca del horizonte, y en ese momento, se puebla la mente de energía y de ilusión, que hace corto el camino, y dulce la sal de las olas.

Después de muchos soles y de muchas lunas llegan viejos a la isla de Itaca y momentáneamente se sienten sorprendidos al ver la realidad: en la isla, no existen las plantas del éxtasis, ni los manantiales de la Juventud, ni mucho menos las minas de oro soñadas. Sin embargo, no se confunden ante lo que ven, porque se dan cuenta que tienen las manos llenas de experiencias y de momentos inolvidables que les dio el haber viajado intensamente. Eso les permite descubrir la inmensa riqueza de Itaca, que no les defraudó. Itaca les ha dado el gran viaje.

Esto es lo que las Itacas significan. Sin Itaca, jamás hubiesen emprendido el viaje, en esta vida insiste Kavafis, es más importante viajar lleno de ilusiones, que llegar al destino propuesto.

Finalmente, éste es también el sentido de las expectativas positivas.

CAPÍTULO IX

La camisa de fuerza invisible

En el capítulo octavo, se expuso el problema de la mente y las enfermedades que puede llegar a producir en el organismo, cuando está ocupada por las expectativas negativas y cuando cae en el mal hábito de atormentarse en la pasividad, con las preocupaciones inútiles.

Juntamente se expuso lo contrario: las expectativas positivas son portadoras de energía y de satisfacción para la mente y para el organismo. Muchas veces los enfermos graves que no reaccionan a los medicamentos, comienzan su mejoría, gracias a la impresión positiva que les deja la llamada telefónica, de quien regresa del extranjero, después de larga ausencia... El corazón se alimenta bien de las impresiones positivas y de las expectativas entusiasmantes, terminamos el capítulo, con las reflexiones sobre la gran expectativa plasmada bellamente en el poema «Itaca», de Kavafis, donde se manifiesta la realidad de que es más importante hacer el viaje, que llegar al puerto.

En el presente capítulo, veremos los muros, los aprisionamientos, y las distorsiones que produce la mente sobre la realidad cuando está troquelada con ideas de mucho tiempo, o de mucho impacto.

SI ESTO ACONTECE CON LA LEÑA VERDE: ¿QUÉ SUCEDERÁ CON LA SECA?

Me tocó escuchar directamente a Paul Watzlalawick, y un equipo de especialistas del Mental Research Institute, de Palo Alto, California, un experimento sorprendente en relación con uno de los grandes directores que tuvo dicho Instituto, el Doctor Don D. Jackson, uno de los principales pioneros de la terapia familiar.

Este experimento manifiesta con irrefragable claridad los encarcelamientos invisibles en los que nos coloca la mente como a continuación se manifiesta: un grupo de alumnos del Instituto de investigaciones mentales acudió con el Dr. Jackson, para hacerle la siguiente proposición...

«Doctor, -le dijeron-, ¿podría ayudarnos con el problema de un paciente que no deja en paz al personal del hospital, porque se cree psicólogo? Vive en un delirio agudo. Se pasa el día interrumpiendo el trabajo de las secretarias, y a todas las personas con las que se topa por los corredores insiste en curarlas y les pregunta sobre los traumas de la infancia y de la adolescencia y si tuvieron perturbaciones nocturnas con pesadillas...

El Dr. Jackson, especialista en diagnóstico familiar, y director de este Instituto, aceptó gustoso el ayudar para romper el delirio del paciente indicado y se hizo la cita con el enfermo para el próximo Lunes a las 9 a.m., en la cámara de Gesell, para que los estudiantes pudieran observar atrás de los espejos de doble visión.

Sin embargo, los estudiantes, sin avisarle al Dr. Jackson, acudieron inmediatamente a la Universidad de Stanfford, cercana al instituto, para hacerle aún terapeuta extranjero, exactamente la misma proposición: colaborar en el rompimiento de un delirio agudo con uno de los pacientes del hospital que los estudiantes atendían en labores terapéuticas.

Encontraron al Dr. Williams, por ponerle algún nombre, y lo citaron a las 9 a.m., del Lunes próximo, en el mismo lugar donde habían citado a Jackson, y para tratar al enfermo que se creía psicólogo, o psiquiatra, y que pretendía curar a todo el personal. Williams estuvo de acuerdo, y cuando llegó el Lunes, habían colocado dos sillas vacías en la cámara de Gesell, se hizo pasar a Jackson por la puerta de la izquierda y se le pidió que esperara unos minutos al enfermo. Después, llegó Williams y por la puerta de la derecha, se le indicó que su paciente ya había llegado, y que podía empezar cuando él lo considerara prudente.

Los dos desconocidos se miraron con cierto recelo, como suele suceder en cualquier encuentro de extraños, y Jackson abrió la boca, para preguntar cómo le había ido últimamente... En estas primeras palabras, la sensación de Williams, fue la de estar frente a un loco de delirio crónico y agudo, y para frenar la enfermedad interrumpió al otro con estas palabras: Mire, eso que me dice me parece muy bien pero, le pido que me platique desde cuándo se dedica a ayudar a gente. Con esta intervención fue suficiente para que Jackson también descubriese que el síntoma ya había aparecido, y que se encontraba frente a un caso difícil.

La entrevista se prolongó durante un tiempo más, y entre más hablaban los dos interlocutores, más iban confirmando interiormente el diagnóstico inicial: el otro está loco, y el delirio es grave. Cuando los estudiantes, entraron a la sala y les preguntaron sobre cómo veían al otro, cada uno, a su vez diagnosticaron psicosis grave, con recomendaciones de cierta vigilancia cercana.

Lo inaudito se dio para los dos interlocutores, cuando se les pidió que se presentaran. Casi se va para atrás Williams cuando descubrió que había estado hablando con el director del Mental Research Institute. Y a Jackson no le cabía la sorpresa en la cara, cuando se dio cuenta que había estado curando al Doctor Williams, especialista en terapia por alguna Universidad de prestigio.

En relación con lo que vivieron estos dos personajes, especialistas en la relación terapéutica de ayuda, se hace más y más patente, que no vemos la realidad que se coloca enfrente de nosotros, sino, que vemos las ideas que llevamos clavadas en la cabeza. Esta, desgraciadamente es la raíz de los prejuicios en contra de los demás y de nosotros mismos: no vemos realidades, vemos las fantasías que se quedaron dentro de nosotros formando una camisa de fuerza invisible.

Es cierto, hasta que alguien nos coloque "la mosca en la oreja" para que el ruido nos haga buscar enemigos tras bambalinas, y sembrar desconfianzas en nuestros pasos. Como Ótelo, que a causa de las intrigas de Yago, mató primero el amor y luego a su esposa Desdémona.

LOS FATÍDICOS PASOS DE LAS SUPOSICIONES

Las suposiciones la mayoría de las veces resultan negativas y contraproducentes ya que se basan más en los propios miedos y en las inseguridades personales, que en los datos que nos va ofreciendo diáfanamente la realidad. Estas suposiciones, cuando nacen de las inseguridades del corazón, engendran los celos y las desconfianzas que dan por acabar con los amores y las confianzas en los demás.

Aunque como en todo, como decían nuestras abuelas, cuando a la antigüita se iban a confesar con el párroco... y en el silencio sagrado de la iglesia, susurraban con cierta ironía... Padre, me acuso de haber tenido juicios temerarios, (suposiciones contra los demás), pero, eso sí, -continuaban sin titubear-, que siempre me resultan ciertos.

En este caso de las abuelas, las suposiciones eran válidas porque les resultaban ciertas, ya sea por la genial intuición femenina en cuestiones afectivas, y en especial en materia de amores o por la observación detenida de los detalles de las personas que se relacionaban con ellas o que iban de visita a platicar con las hijas y las nietas.

En contacto con lo que vamos diciendo, apunto los cuatro pasos que forman las suposiciones sobre los demás.

1.- Poco a poco, se nos va metiendo en la cabeza una idea que dejan ronronear, descuidadamente, sin prestarle mayor atención... –se me hace, nos decimos interiormente que fulano es amanerado u homosexual. Y conforme esta suposición crece, nos va predisponiendo en contra o a favor de la persona en cuestión.

2. - Comienza a actuar, como si esa suposición que tengo sobre alguien fuese una realidad, evidente para todos, comprobada, y manifiesta. Para esto, casi platico de fulano como si fuese realmente homosexual. Y en este segundo peldaño es donde proliferan con los amigos y las amigas confidentes los chismes, las murmuraciones y los rumores.

Y extrañamente, si al hacer comentarios de «como si fulano realmente fuese loco, ladrón u homosexual», no recibo confrontación, sino por el contrario confabulación en el chisme, entonces, ya casi siento que lo que supone, es verdad.

3.- Acontece el fenómeno, de que se me olvida gravemente que la impresión que yo tengo de fulano, comenzó fatalmente con una suposición que di por hecho, y que resultó corroborada por las emociones infantiles del chisme de café y de salón o de cantina con los compañeros y amigos. Por lo tanto, al olvidar que todo comenzó con la suposición de que «fulano es homosexual», la idea de la homosexualidad de mi víctima, cobra fuerza de convicción. A estas alturas, si tengo problemas de relaciones con el mundo de la homosexualidad, ya se despertaron reacciones emocionales, de molestia o de rechazo contra fulano.

4. - Finalmente actúo, tercamente, emocionalmente, buscando datos que corroboren lo que para mí es una nueva realidad inventada: la homosexualidad de fulano. Y quizá macabra-

mente, hago fiestas, y pongo trampas, invitándole amigos bien parecidos, para que deje de vivir encubierto, y descubra a todos su homosexualidad, declarándose amores imaginados a otros hombres, haciendo una reflexión de todo lo que hemos venido diciendo, resulta imperioso el romper las ideas que se van cristalizando dentro y que no nos damos cuenta de ellas porque las ideas son invisibles pero, nos cercan más duramente que las rejas de las jaulas reales, porque algo podemos hacer contra murallas de metal visibles, pero, casi nada, sino darnos cuenta, contra las murallas invisibles.

EL OSO ENJAULADO. LA BARRACUDA

Estos dos ejemplos sacados de la Etología, ciencia que estudia las conductas de los animales, y sus costumbres nos llevan a descubrir la capacidad humana de cuestionar nuestros muros ideológicos interiores, cosa que por desgracia los animales no pueden hacer, no tienen la facultad de reflexionar, y ésa es su gran desventaja, porque los animales saben, conocen miles de cosas. Los perros por ejemplo, conocen a sus amos, los lugares de comida, y de digestión, ponen sus límites territoriales, saben caminar, pelear, comer, dormir, y tienen instinto, pero no saben que saben que tienen la capacidad de darse cuenta de lo que saben, no pueden volver sobre sus conocimientos para cuestionarlos, cambiarlos o engrandecerlos.

Resulta lastimoso, encontrar, en la vida de los humanos, grupos enormes de personas que por no reflexionar sobre ellos mismos, y no cuestionar sus ideas, vivan encarcelados en ideas absurdas, tontas y anacrónicas.

En realidad, duro es decirlo, pero un ser humano aunque tenga muchos conocimientos, mientras no use la facultad de la reflexión y del autocuestionamiento, está en un subnivel humano, y cerca de la vida automática de los antropoides.

Narran las ciencias de la observación de las conductas de

los animales la experiencia de un oso que estuvo encerrado en una jaula de 6 metros de largo, por 6 metros de ancho donde corría de extremo a extremo, una y otra vez, muchas horas durante los días, hasta que después de 6 años de cautiverio, le quitaron la jaula. Lo sorprendente para el grupo de zoólogos fue que después, el oso siguió recorriendo los mismos 6 metros como si estuviese enjaulado.

Es extraño, pero los investigadores y los visitantes no veían ninguna jaula alrededor del oso, sin embargo, el oso seguía viendo barrotes limitantes, y viviendo en cautiverio invisible.

En las personas sanas y reflexivas no deben presentarse este tipo de autoencerramientos por ideas obsesivas recurrentes. Es necesario, llegar a salirse de uno mismo, para llegar al mundo real, y no suceda lo que cuenta la broma popular, de aquel borracho que deseando llegar a casa topó con un poste, y giro un poco, para volver avanzar y topar, de nuevo. Hizo el intento dos veces más hasta que resignado grito quejoso. -¡Bah! Ya me encerraron.

EL CASO DE LA BARRACUDA

En el experimento de la barracuda se observa con claridad el mismo fenómeno del encarcelamiento invisible porque colocan a una barracuda durante varios días en una alberca amurallada con un cristal invisible atrás del cual colocaron una macarela deliciosa para las mandíbulas de tiburón. La barracuda cuando sintió hambre, se aventó persistentemente varias veces contra el vidrio sin lograr franquearlo, y el intento se repitió durante varios días. Después de un tiempo largo, se levantó la cortina invisible de cristal, extrañamente aún a pesar de los rigores del hambre, la barracuda nadaba hasta el límite donde había ahorcado con la cortina, y no avanzó una aleteada más para comerse la macarela.

REFLEXIÓN FINAL

Se cuenta de dos exconvictos de un campo de concentración, que en una ocasión se encontraron en un café de una gran ciudad, y entre recuerdos y narración de experiencias marcadas en el alma, uno de ellos le pregunta al otro:

-¿Oye, -le inquirió-, olvidaste ya a los carceleros y a los torturadores que nos trataban a patadas y a culatazos?

-Claro, -le respondió el otro-, me costó trabajo, pero logré olvidar a todos.

-Pues, yo no, -interrumpió el primero-. Yo sigo odiándolos con toda mi alma.

-Entonces qué lástima, -concluyó el segundo-, porque, si los llevas dentro de la cabeza, siguen teniéndote prisionero, siguen atormentándote como antes, y siguen burlándose de ti, en forma invisible...

Es válido hacer el esfuerzo por libertar a la cabeza de las jaulas invisibles, y de las camisas de fuerza hechas sutilmente por las ideas.

Cuando logremos parte de esto, notaremos por qué en los circos, los elefantes viejos están amarrados con estambres y palos de escoba hundidos en el aserrín, mientras los elefantes jóvenes están sujetos de la cabeza con eslabones de acero, conectados con pilastras de cemento hundidas en la tierra. Sencillamente, porque los jóvenes tienen la cabeza, llena de libertad, mientras que los viejos, van metiéndose entre barrotes que no ven, y enjaulas que no existen.

Y al final de cuentas, sólo sin camisas de fuerza mentales, descubriremos que nuestros enemigos no son los que nos odian y nos hacen males, sino aquellos a quienes nosotros odiamos y no sacamos de la cabeza...

CAPÍTULO X

El cambo y los cinco perdones. Perdón a los demás y al cuerpo personal.

Vimos en el capitulo noveno, cómo las ideas dentro de la cabeza funcionan corno camisa de fuerza invisible, o como una muralla de cristal transparente, dentro de la cual se vive la vida en verdadero cautiverio según la malicia, y la negatividad de las ideas arraigadas. Este capítulo empezó, con la experiencia del Dr. Jackson ex-director del Mental Research Institute donde se hace ver que si los especialistas también son hechizados por las ideas que llevan en sus cabezas, pocas esperanzas; quedan para el mundo no especializado, si no viven la actitud, de autocuestionamiento y de reflexión personal continua. Esto se explica como imposible en el mundo animal, como en el del oso y el de la barracuda, pero perfectamente alcanzable en las personas que decidan cambiar interiormente de vida. La reflexión final, fue sobre buscar el perdón de los enemigos, porque en el fondo no son enemigos los que nos odian, y los que nos hacen males, sino aquellas personas que nosotros odiamos y que por terquedad emocional, no queremos expulsar de nuestras cabezas.

En el capítulo décimo, se expondrá el principal recurso humano para limpiar la mente. Se trata de buscar las energías más hondas del corazón y de la cabeza con la intención de conseguir el perdón. Así, se verá que el perdón, es el acto de libertad más purificador de los resentimientos, y de los pasados negativos.

EL PERDÓN COMO EJERCICIO DE LA LIBERTAD MÁS QUE OTRA COSA

El perdón es un tema que requiere de muchos enfoques para poder ser abarcado en su totalidad. Es una experiencia que nace de lo profundo humano, por eso está íntimamente relacionado con las ciencias religiosas y con la teología. Sin embargo, aunque el perdón puede ser considerado como una de las actitudes fundamentales del cristianismo, ya que Jesús, a la pregunta de Pedro, sobre cuántas veces era necesario hacer el esfuerzo de perdonar... Y dudando proponía la cantidad de siete, para no sobrepasarse en bondades... Pero, por la respuesta de su maestro de 70 veces 7, que quiere decir, todas las veces, parece que Pedro, se quedó demasiado corto de corazón.

Y la petición de Jesús para sus seguidores, no tan sólo de no juzgar a los demás para no ser juzgados, sino de llegar a amar a los enemigos, es decir a los que les odian y les hacen el mal, como requisito esencial para poder ser llamados hijos de Dios, ya que el Dios de Jesús, tenía como una de sus características esenciales la de ser perfecto, bueno, y compasivo, ya que como escribe Mateo, los hijos de Dios, deben tratar de ser como el Padre celestial que hace salir su sol sobre buenos y malos y llover sobre justos e injustos. Para Jesús, era obvio, que ser hijo de Dios no eran adjetivizaciones gratuitas, sino un compromiso con el amor y el perdón a los enemigos, es decir a todo ese mundo de personas especializadas en poner zancadillas de mala o de buena fe. Tan es así, que para Jesús de Nazaret, según el evangelio de Mateo, el perdón es un requisito esencial para pretender ser perdonados por el Padre Dios... Y así remata la fantástica oración del Padre Nuestro...«porque si ustedes perdonan sus culpas a los demás, también su Padre del cielo les perdonará a ustedes. Pero si no perdonan a los demás, tampoco su Padre les perdonará a ustedes»...

Sin embargo, aunque los temas religiosos relacionados con lo humano, y con el desarrollo interior, son apasionantes, yo prefiero, en este momento hablar, del perdón, como la vía más rápida y, más eficaz para purificar la mente de los atavismos del pasado, y de los ardores psicológicos de la cabeza. Es interesante considerar las relaciones existentes entre las ciencias de la ayuda mental y las religiones, ya que antes, los únicos encargados del desarrollo humano y la curación interior eran los religiosos y los elementos ligados a lo divino.

EL PERDÓN RELIGIOSO Y EL PERDÓN PSICOLÓGICO

En realidad cuando se habla de la actitud del perdonar, no se puede establecer dentro del corazón, cuando se está haciendo un acto de virtud religiosa, o un acto humano de autoliberación de emociones negativas para sentirse bien y mejor con uno mismo. Es difícil, como en todos los campos humanos saber dónde termina lo humano y empieza lo religioso. Lo que resulta indudable para ateos y creyentes, para terapeutas y religiosos, para especialistas y legos, es que el camino más rápido de la curación de la mente es el lograr cueste lo que cueste, la actitud de perdón hacia todo y hacia todos los que nos han hecho sufrir, ya que como hemos comentado, los enemigos no son los que nos han intentado destruir, sino, los que odiamos, y al odiarlos, nos están destruyendo a cada momento que los recordamos.

Por eso muchos autores opinan de la misma forma. Uno de ellos es el Dr. Szasz, cuando insiste: «*La verdadera historia de la Psiquiatría comienza entonces no con la psiquiatría del siglo XX, (principios), sino con los filósofos griegos, y los rabinos judíos de la antigüedad; y continúa con los sacerdotes católicos y los pastores protestantes durante un periodo de casi dos milenios, antes de que los médicos doctores del alma, hicieran su aparición en la escena de la historia... Y en las sociedades científicamente subdesarrolladas toda curación ya sea del cuerpo o la mente es religiosa*».

El autor, continuando con la íntima relación de las ciencias de ayuda con la religión, continúa en su libro, por cierto claro, sincero y agresivo, sobre El Mito de la Psicoterapia... «Los griegos, siempre creyeron que la salud era natural, y que la enfermedad, era consecuencia antinatural de alguna influencia extraña que perturbaba la armonía de la mente..." y prosigue, Szasz: "Según el punto de vista de los griegos, además el agente perturbador de la armonía natural no era real, es decir, no tenía sustancia, sino que era una ilusión y una quimera...", "tales enemigos de nuestra armonía natural, dice Papadakis, son muy peligrosos por que asaltan nuestra mente y nuestro pensamiento... Primero atacan a un hombre mentalmente, y si ven que está desprotegido, o es espiritualmente, demasiado débil, para decapitarlos de inmediato, ANIDAN EN SU MENTE, y de allí se extienden hasta incapacitar su cuerpo".

Y para dejar esta cita que resume, todo nuestro reflexionar sobre los hechizos de la mente y las ocupaciones de esta por ideas negativas que van produciendo el sufrimiento y la enfermedad, concluye el autor citado: "La *esencia de toda terapia era la curación espiritual...*" Es decir: *"Una curación radical, por lo tanto, sólo se obtiene, cuando es curada la mente en sí, cuando hay un cambio en la mente, (metanoia). Y por su unión con la mente, también el cuerpo será curado".*

A propósito de las palabras de uno de los terapeutas más prestigiados y más polémicos de la Unión Americana, notamos muchos puntos de coincidencia con los capítulos expuestos. Y se manifiestan las relaciones intrínsecas entre el perdón psicológico y el perdón religioso, en cuanto que ambos brotan de las mismas raíces: el corazón y la mente.

PRIMERA LIMPIEZA MENTAL: EL PERDÓN PSICOLÓGICO A LOS DEMÁS

Es cierto: siempre que alguien nos ofende, y nos da rabia, empieza una sensación de desagrado interior fuerte, que nos acelera la imaginación, la energía, y los ruidos de la mente. No estamos en paz, y si no hablamos con la persona que nos ofendió, para llegar a un acuerdo o por lo menos para manifestarle nuestra pena, la rabia se convierte en resentimiento que si se tiñera de color sería de morado. Porque duele y arde.

El resentimiento que en el fondo es un coraje atorado, entre el pecho y la espalda, que no pudo exteriorizarse adecuadamente. En relación con los sentimientos, cuando éstos no se pueden exteriorizar, se pudren y se van transformando en energías negativas que dañan al alma y finalmente al cuerpo.

Así es: nos sentimos mal con el resentimiento porque alguien nos ofendió y curiosamente entre más cercano al corazón es el agresor, más fuerte es el resentimiento. Porque nos duelen más las ofensas de los hijos y de la esposa que las del vecino, o las del policía que hace guardia a veces en la esquina de la manzana.

Por esto, algo tenemos que hacer con el resentimiento, ya que por ser un coraje indigesto, debe ser expulsado del interior en alguna forma. Pero, cómo cuesta trabajo hablar con el que nos hizo sufrir, porque también lo queremos, al mismo tiempo que lo odiamos, nos quedamos con la emoción enterrada dentro. Quizá las personas resentidas, divididas con sentimientos de odio y de amor por el agresor, ni perdonan, ni odian, y andan como los perros con el hocico abierto, que cuando iban a morder, se les incrustó un hueso entre las mandíbulas que ni lo tragan ni lo sueltan.

EL RESENTIMIENTO Y LA JAULA INTERIOR

Profundizando lo anterior, y viéndolo con lente de aumento notamos que en todo resentimiento existe una buena dosis de odio no reconocido y no expresado, que hace mucho daño mientras crezca o se mantenga dentro.

El daño mental por el odio, comienza con la construcción de una inmensa jaula mental donde metemos al que odiamos y ya encerrado, nos metemos dentro de la jaula imaginaria y empezamos diálogos largos y continuos con ese malvado. Allí, vamos destilando veneno y quemándole las venas con hiél, allí, en la fantasía pretendemos aniquilarlo con el tizón de la rabia, destruyéndole sus ojos, su cara y su cuerpo, sintiendo un extraño gusto por su destrucción: le quitamos la buena apariencia, le vemos como estúpido, lo fantaseamos como derrotado hasta consumar su aniquilamiento.

Sin embargo, nos sobreviene una rabia redoblada, cuando después de haber quemado con el tizón del odio a nuestro prisionero interior, lo vemos en una reunión social sonriente, y reconocido por el resto de los amigos y de las amigas. Lo vemos casi rozagante, porque de nuestros odios interiores contra él ni siquiera se dio cuenta. En cambio, nosotros, por cargarlo dentro de la mente, después de haber empleado todos los tiempos libres y la energía, nos miramos al espejo, y nos vemos amarillentos, y con el rastro desencajado porque el odio al único que destruye es al que lo lleva dentro de la mente. El feliz, como dicen, tan quitado de la pena, y nosotros desvelados, y agotados por las luchas dentro de las jaulas de la fantasía fabricadas con las ideas y con el odio.

LA GRAN PREGUNTA SOBRE EL PERDÓN

Este primer perdón a los demás, me recuerda una pregunta que un niño le hizo a su madre, que aparte de ser buena, era una mujer sabia...

-¿Qué he de hacer para perdonar a los compañeros de clase que hablan mal de muy?-. preguntó con coraje el niño.

-Si no los condenamos por dentro, y te llenaras de resentimiento, no los necesitarías perdonar- le respondió la madre.

Es verdad, los resentimientos crecen como hiedra venenosa por la piel cuando dentro de nosotros prolifera el juicio, y la condenación contra los que nos han fallado.

SEGUNDO PERDÓN PSICOLÓGICO EL CUERPO

Según las estadísticas y las conversaciones en grupos de crecimiento, y tranquilamente al tocar los temas sobre el gusto o disgusto que la gente vive respecto del cuerpo, encontramos que la inmensa mayoría de hombres y mujeres, tienen dificultades con la estética y con la realidad de su cuerpo. Nos molesta ese algo de nuestra carne y de nuestros huesos que no coincide con las expectativas que hemos formado de nosotros mismos: nos molesta perder cabello, o nos sentimos mal cuando nos hacen bromas de mal gusto sobre el color de nuestra piel, y nos fastidia vernos la cara en el espejo, después de una desvelada con vino y cigarro, porque los párpados papandujos y el rostro hinchado se ven fatales.

En actitudes compulsivas, queremos reducir los kilos, y bajar la grasa de la región lumbar, con humores incontrolables cuando no cabemos en la talla del mes pasado. Y el cuerpo, fácilmente se convierte en nuestro enemigo. En línea, sobre lo mismo, es difícil encontrar a personas que la vida les ha dotado con el cuerpo que desean, y aún entre estos grupos, aparentemente de afortunadas o afortunados, descubrimos que están inconformes porque el cabello no se quiebra dócilmente sobre la frente al estilo de Raquel Welch.

EL ODIO CONTRA EL CUERPO

Opino, que cuando algo no nos gusta, nos da por declararle la guerra a base de resistencias persistentes... *"Es que no lo soporto, es que no puede ser, es que por qué me toco a mi"*. Y es una ley irrefragable, que todo aquello a lo que se resiste, persiste, se mantiene y se robustece. Porque cuando a una persona no le gustan sus ojos los oculta atrás de gafas oscuras, o los rodea de capas de cosmético, y al sentir que los demás le observan a la cara la mueve y pestañea, con una sensación de ardor, porque los ojos le queman como si fuesen enemigos.

LA ACEPTACIÓN DE LA REALIDAD

En conexión con lo anterior, puede ser cierto que los ojos, y la cara no estén para un concurso de belleza, pero qué difícil sería la vida, y los días, si no se tuviese cara, ojos, manos y todas las partes del cuerpo, contra las cuales luchamos como si fuesen adversarios.

El cuerpo, por consiguiente es el vehículo que la vida nos dio para que podamos crecer interiormente. ¿Qué importa que la nariz no tenga las proporciones griegas de la nariz de Alan Delon, el astro del cinc francés, si al final de todo, podemos oler las flores, y la yerba mojada después del aguacero? ¿Qué importa si las manos que la vida nos ofreció no son manos de pianista, si al final del cuento, podemos tocar y acariciar, para comunicar amor y presencia? Es definitiva la importancia del perdón del cuerpo, porque gracias a los radares y receptores de los sentidos captamos las maravillas del universo.

Decía Simone de Beauvoir, en sus *"Memoires d'une jeune fule rangee"*, París, 195S, mientras vivía sus reflexiones respecto dc Dios sobre la importancia vital de los sentidos y del cuerpo:

"La primera de mis alegrías era, de madrugada, sorprender el despertar de las praderas. Con un libro en la mano, salía de la casa dormida.

Empujaba la cancilla. Imposible sentarme en la hierba empapada de rocío. Caminaba por la alameda, a través del prado plantado de árboles escogidos al que mi abuelo llamaba el parque apaisajado. Leía, a pasos cortos, y sentía suavizarse contra mi piel el frescor del aire. La tenue veladura que empañaba la tierra se. derretía suavemente. El haya púrpura, los cedros azules, los álamos arjentados brillaban con resplandor, tan nuevo, como en la primera mañana del paraíso; y yo era la única que sostenía la hermosura del mundo y la gloria de Dios, soñando al mismo tiempo, en ni estómago vacío, un sueño de chocolate, y pan tostado".,(o.c. p. 80).

Es impresionante como la Simone jovencita, vivió estas experiencias de un despertar místico, donde captaba genialmente, que si Dios no tenía ojos, ni manos, ni nariz, le había dado a ella, y por consiguiente a todos los humanos unos sentidos y un cuerpo, para llenarlos con la miel de los colores, las formas y las sensaciones, y así Dios captar la materia a través de las sensaciones de los humanos.

''Mas parecía que Dios, en cierto modo tenía necesidad de mis ojos para que los árboles tuvieran colores... Privada de mi presencia, la creación se sumía en un sueño oscuro: despertándola cumplía yo el deber más sagrado... Cuando de madrugada franqueaba corriendo las cancillas para internarme por entre los matorrales del bosque, era Dios mismo el que me llamaba, y miraba complacido como miraba yo ese mundo que Él había creado para que yo lo viera ''.

Precisamente ése es el sentido profundo de perdonar al propio cuerpo, limpiarlo de todas las escamas de los sentidos para gozar la belleza y la fuerza y la suavidad de la naturaleza.

CAPÍTULO XI

El pasado, la vida y los padres
Tercer perdón psicológico.
El pasado

Como hemos dicho en otras partes, el único sentido del comentar del pasado con los amigos y conocidos es el liquidarlo definitivamente, ya que el pasado no es malo por lo que pasó, sino porque está muerto.

En el pasado hemos tenido experiencias buenas y malas, pero, que ya no son sino recuerdo e historia. En relación al tema del pasado muchas personas insisten en los beneficios recibidos por estar platicando recuerdos lindos: *"De niña fue princesa de la secundaria, y reina de la preparatoria"; "Cuando nos fuimos mí esposo y yo de viaje de bodas nos encontramos a Frank Sinatra y nos dedicó una canción".* Yo no puedo negar que hay beneficios en el recordar los momentos "Inolvidables del pasado", sin embargo, insisto en el hecho siguiente: tanto cuanto revivamos el pasado caemos en el problema de perder el presente, porque la vida es como el río que no se detiene, y el que sabe vivir no quiere detener el tiempo, ni mucho menos, sacar tinas de agua del río para vivir bañándose en ellas. Y es claro que las tinas de agua con relación al río, equivalen a los recuerdos del pasado con relación al presente y al futuro.

LA IMPORTANCIA DEL TIEMPO

El tema del tiempo es apasionante, baste para ello, recordar del pasado la idea popular de San Agustín, donde afirmaba: *«Sí no se me pregunta qué cosa es el tiempo, si sé lo que es, pero si se me pregunta que es, entonces la verdad, lo ignoro».* Y actualmente, el tema sigue abordándose, como lo hace genialmente Michael Ende en su obra de Momo, pequeñita perenne con una edad de ciento y tantos años. En conexión con el tema del pasado y el tiempo, se suscitó en la sala de espera de un doctor prestigiado la siguiente anécdota: estaban sentadas en los sillones y las sillas, en espera de consulta varias señoras, unas viendo revistas, otras platicando sobre las telenovelas y el precio del tomate del supermercado, y otras leyendo algún libro. Entre todas las damas había una señora desesperada porque su hora de consulta se posponía y no era atendida con la puntualidad que se le había prometido. Por esto, se levanto del sillón y con delicadeza le dijo a la recepcionista: -Señorita, perdone, yo tenía cita con el doctor a las 10 de la mañana son casi as 12 a.m. y no me ha recibido. Prefiero cambiar la cita para otro día, porque ya no puedo seguir esperando.

Esta intervención, sorprendió a dos amigas que pacientemente esperaban su turno, porque la señora impaciente, andaría por los 80 años de edad. Y al verla tan apresurada, comentaron casi con ironía:

"Pues ¿qué tendrá que ir a hacer esta señora de tanta edad, que sea tan urgente?"

La señora alcanzó a oír la conversación de las dos mujeres, se acercó a ellas y con cortesía les dijo: *"Para su información, quiero decirles, que tengo 87 años cumplidos, y por esa razón no puedo permitirme el lujo de desperdiciar un sólo minuto del precioso tiempo que aún me queda por vivir".*

UNA APLICACIÓN CONCRETA

Existen muchas personas que viven desperdiciando el presente atorados en los pasados oscuros, y en toda reunión, y en las fiestas al impulso de la segunda copa, les da por iniciar el eterno narrar lo mismo y 10 mismo, dicho tantas veces: "de niño yo anduve de huaraches, de joven me golpeó la pandilla de los Caifanes, y después, fui calumniado en el trabajo". Y curiosamente, entre más se quedan estancados en el pasado negro, más se goza la cerveza, y las caras compungidas de los que escuchan reverentes.

Pero, ¿para qué revivir lo que ya pasó? ¿No será mejor dejar que cada día nos dé la proporción de dolor que ya tiene señalada?

La solución rápida, la solución mejor es perdonar lo que ya pasó, y vivir con toda la fuerza de la pasión el tiempo presente. Quizá por eso escribió su poema *"Instantes"* el gran argentino Borges, poco antes de morir...

"Si pudiera vivir nuevamente mi vida, en la próxima trataría de cometer más errores. No intentaría ser tan perfecto, me relajaría más. Sería más tonto de lo que he sido de hecho. Tomaría muy pocas cosas con seriedad. Sería menos higiénico, correría más riesgos, haría más viajes, contemplaría más atardeceres, subiría más montañas, nadaría más ríos, iría a más lugares donde nunca he ido, comería más helados y menos habas.

Tendría más problemas reales y menos imaginarios. Yo fui una de esas personas que vivió sensata y prolíficamente cada minuto de su vida; claro, que tuve momentos de alegría. Pero, si pudiera volver atrás trataría de tener solamente buenos momentos. Pero, si no lo saben, de eso está hecha la vida, sólo los momentos; no te pierdas el ahora. Yo era uno de esos que nunca iban a ninguna parte sin un termómetro, una bolsa de agua caliente, un paraguas y un paracaídas.

Si pudiera volver a vivir, viajaría más liviano; Si pudiera volver a vivir comenzaría a andar descalzo a principios de la primavera, y seguiría así hasta concluir el otoño. Daría más vueltas en calesita, contemplaría más amaneceres, y jugaría con más niños. Si tuviera otra vez la vida por delante...Pero, ya ven, tengo 85 años. Y sé que me estoy muriendo".

Este poema de *"Instantes"* del maestro Borges lleva el mensaje extraordinario de una reconciliación total con el tiempo, la vida y el pasado, para vivir con lo que es esencial: el aquí y el ahora.

CUARTO PERDÓN PSICOLÓGICO. LA VIDA

Sobre el tema de la vida, siempre me impresionó el hecho de que todos un día amanecimos dentro del mundo, sin que hayamos sido consultados. Nunca se nos preguntó si deseábamos nacer o si preferíamos permanecer en la nada. No. Sencillamente se nos aventó a la vida, o dicho con más delicadeza se nos dio la oportunidad de ser, y de existir en la aventura de la vida.

Y la vida seguirá teniendo mucho de aventura, puesto que llegará el momento en que no queramos dejarla, e igualmente sin ser tomados en cuenta si nos parece o deja de parecernos, seremos arrancados por la muerte sin que lo deseemos; y como dicen: la muerte llegará como ladrón. Es decir, brusca, intempestiva, e inesperada.

Viendo más de cerca la necesidad de perdonar una vida que nos condiciona oír circunstancias no escogidas, un día descubrimos que estamos metidos dentro de una cultura que no nos gusta, y de una familia que no acaba de llenarnos, o de una ciudad que cada noche sentirnos agresiva e inhóspita. Sin embargo, está dada, como algo que debemos vivir.

Y junto con ello aparecen las leyes de la herencia y del temperamento dentro de las cuales nos encontramos ligados. Y nos viene la pregunta de siempre ¿cómo hacerle para frenar esa tristeza desbocada que sale del fondo y que nos avienta a entender más la tarde y la noche que los amaneceres? Y que nos identifica más, mucho más con los otoños que con la primavera. Porque esa continua tendencia a ver las cosas tristes, a pesar de tantas terapias, y de tantos cursos de Desarrollo Humano. Y ¿para qué si el temperamento sigue dándonos ese matiz crepuscular?

El temperamento que nos inclina hacia la tristeza, la depresión, la angustia, la impulsividad y demás, va pegado a nosotros, y en vez de pretender dejarlo colgado de la rama de un árbol, conviene perdonarlo, amarlo, y aprender a vivir con él. Es como un doble nuestro que nos acompaña siempre.

EL DOBLE DE NOSOTROS MISMOS

Una leyenda antigua nos ayuda en este caso para aceptar la actitud, el perdón de la vida y del temperamento para convertirlos en amigos del camino. Había una vez un monje tibetano, que odiaba su forma de ser, se fastidiaba con la comida del claustro, y la compañía de los otros monjes. Todo él producía mal humor. Desesperado, y pensando en cambiar de lugar, decidió abandonar el convento y vivir una vida más tranquila caminando por otros rumbos. En la madrugada cuando estaba a punto de salir de su cuarto, al momento de anudarse las correas de los zapatos, vio enfrente de él a un monje idéntico, que parecía imitarle en todos los movimientos... El monje se asustó por la visión inoportuna de aquel visitante. Y le preguntó temeroso: ¿Quién eres tú y qué haces aquí en mi cuarto? El visitante con voz agresiva le respondió:

-*"Mira, soy tu yo, soy tu temperamento, y me aparezco a ti, para recordarte que ya salgas, ya te quedes, ya vayas a donde vayas yo iré contigo".*

QUINTO PERDÓN PSICOLÓGICO. LOS PADRES.

Por circunstancias, los padres son parte del paquete de la vida, lo mismo que los hijos. Y ese paquete, es algo dado más allá de la voluntad y de la libertad de padres y de hijos. Sin embargo, es necesario ejercer el acto del perdón sobre los padres porque ninguno de ellos ha logrado la dosis perfecta de amor y de límites para los hijos. Los padres fácilmente aman de más, y entonces con exceso de amor, los hijos tienden a crecer sobreprotegidos con tendencia a la vida evasiva y angustiosa, o esposo y esposa aman de menos, los descendientes se desarrollan un poco secos, con tendencia a ser ariscos y desconfiados.

Por eso, siempre resulta sano reflexionar sobre ellos y sacar de lo profundo el perdón para quedar a mano con ellos sin deudas y sin resentimientos.

REFLEXIÓN FINAL

Lo esencial en la vida para liquidar pasados y obstáculos de la vida y del presente, es el acto de amor convertido en perdón y aceptación. Y el perdón perfecto consiste, en olvidar absolutamente todo aquello que nos ha hecho sufrir, mientras que el perdón imperfecto es aquel que no acaba de borrar el tema, el hecho y la persona.

Por eso a manera de buen humor, recuerdo aquella anécdota vivida entre dos esposos donde el esposo se queja con la esposa y le dice:

-"Bueno, pero, ¿porqué mujer no dejas de hablar de lo que yo te hice cuando recién casados? Yo pensaba que ya me habías perdonado y que ya se te había olvidado el pasado". Y la esposa con socarronería le respondió:

-"Evidentemente que ya te perdoné, ya se me olvidó todo lo que me hiciste cuando recién casados, sin embargo, quiero asegurarme que tú no te olvides que yo ya perdoné y olvidé todo lo que me hiciste ".

CAPÍTULO XII

El cochero y la mente.

En los dos capítulos pasados se inició el tema de la limpieza de la mente, y se expuso como el método más rápido e infalible para lograr este objetivo, el de los cinco perdones. Existen muchos otros métodos de terapia y de reeducación desarrollista para hacer que la mente quede liberada del pasado y de los resentimientos.

Pero, todo camino de limpieza, tarde o temprano exige necesariamente perdonar lo que ya pasó, o aquellas situaciones del presente que son inamovibles. El tema del perdón, se planteó no como una virtud de carácter religioso, sino como el supremo acto de la libertad, para seguir y lograr el deseo de la libertad de los demás porque aquellos que no hemos perdonado habitan dentro de nosotros para destruirnos la felicidad y el bienestar. Se habló de cinco perdones fundamentales: el de los demás, el del cuerpo, el pasado, la vida y por último el perdón de los padres. En el presente capítulo, se busca el control de la mente a través de una luz interior, más profunda y más potente que está relacionada con el darse cuenta, la iluminación, y el espíritu, quizá de poder lograr contactar con esta dimensión de uno mismo, se podría lograr la perfecta purificación de la mente, y su plenitud.

LA MENTE Y EL COCHERO

El estudio de la mente es apasionante por un lado, y por el otro resulta demasiado difícil, porque para poder captar sus detalles y sus mecanismos, se requiere de relentar el propio paso en el camino, y ponerse a reflexionar sobre los puntos interesantes, pero a veces no se puede por estar enfrascados en muchos otros problemas e intereses. Sin embargo para ayudar un poco a clarificar los comos del funcionamiento de la mente, me valgo de esta antiquísima comparación donde la mente es representada por un cochero que va dirigiendo un carruaje y jalándole las riendas a varios corceles briosos.

Creo que solamente con metáforas podemos facilitar el conocimiento y la reflexión sobre estos temas, ya que la mente es como un ojo que sirve rara ver todas las cosas que se le pongan enfrente, pero, el ojo no puede volverse sobre sí mismo para verse como ojo. El ojo ve la flor, pero no se pueden ver el nervio óptico. ¿Cómo? Por esta razón, me valgo de las analogías que son como los espejos donde el ojo se puede conocer gracias a los reflejos de su imagen en el cristal.

La mente del hombre puede ver, puede preguntar, puede buscar, pero no puede verse en el último punto de su acto de ver, porque atrás de ese ya no hay nada sino luminosidad y conciencia total. Por esta razón el hombre, en última instancia, no puede responder a la pregunta de quién soy yo, porque el que pregunta es el sujeto interrogante, es la pregunta formulada, y al mismo tiempo es la cosa u objeto preguntado.

Esto en palabras llanas y sencillas, indica que el ser humano, en su esencia primera es misterio por antonomasia. Eso, en el fondo, cuando se nos pregunta por la definición última de lo que somos, no queda otra por responder que soy misterio, soy una pregunta en profunda noche, soy una búsqueda, soy una palomilla encandilada por un foco de luz, que da vueltas y vueltas queriendo embriagarse de fuego, pero con el miedo de convertirse en chispa ardiente.

Por estas razones, busco las imágenes para acercarnos un poco más a los misterios de la mente. La comparación del cochero, el carruaje y los caballos, es bastante clarificadora de los principales elementos que constituyen las potencias superiores del ser humano.

Los caballos representan las emociones y los sentimientos, como las fuerzas que jalan el carruaje. Estos caballos son como fuerzas ciegas que si no están jaloneados por las cuerdas que el cochero lleva sujetas en los puños, éstos se desbocarían al primer susto, o jalarían por caminos equivocados, siguiendo por la ruta de capricho, y del impulso.

Es claro en las personas emocionales, que no llevan atrás en el carruaje un cochero despierto y entrenado en jalar las riendas, que siempre se arrepienten de lo que dicen, en momentos de rabia y de excitación, o hablan de más, hasta producir el caos en la relación y en la familia, exactamente igual a un caballo desbocado, sin rienda, y sin jinete prosiguiendo la explicación de esto mismo, vemos a los sentimientos como la parte caliente de la cabeza, porque son fuerzas ciegas y peligrosas cuando actúan por sí mismas con independencia o rebeldía del cochero y del carruaje. El histérico, o el que actúa en furores emocionales, actúa torpemente, sin darse cuenta, y con excesos de agresividad. Por otro lado, y ahondando en la comparación de las emociones con los caballos, existen personas que los dejan morir de hambre y reumatismos, porque el cochero dispone amarrarlos con cuerdas y cadenas, que acaba por matarlos. Y cuando las fuerzas del alma, los sentimientos, se mueren o se paralizan, el cochero no tiene elementos para jalar el carruaje, y las ideas se quedan sin realización. Es el caso de muchos intelectuales fríos, o de muchos pensadores que por tener sus corceles mal alimentados y escleróticos, se pasan la vida diseñando, estructurando y codificando la vida, sin realizar sus objetivos y planteamientos.

EL COCHERO

En continua relación con lo que vamos diciendo, el cochero representa a la mente en cuanto parte intelectual de la persona. Más específicamente, la cabeza representa la cajilla o almacén de conocimientos y de aprendizajes que vamos acumulando en cada experiencia que vivimos. Allí se van depositando, los adoctrinamientos, los sermones que escuchamos muchas veces de padres y maestros, juntamente con los estratos de cultura y de ideología para los que hemos sido permeables.

En otras palabras, el cochero representa nuestros conocimientos, mas no nuestra sabiduría, ya que existe una diferencia similar a la de la tierra al cielo, entre conocimientos y sabiduría.

Es decir, una persona utiliza algún tipo de conocimiento cuando se habla con palabras interiores a sí mismo, sobre cualquier cosa que se plantee. Es como la programación que se le mete a una computadora, o el rollo que se aprende un estudiante, o la ideología que se cristaliza en un Filósofo dogmático, o el adoctrinamiento de creencias, que se les inculpa a un grupo de fanáticos.

Por estas razones expuestas, las personas que hacen las guerras, y las inquisiciones, y las quemas de herejes, son personas que sin lugar a dudas tienen muchos conocimientos, muchas programaciones dentro de la cabeza pero, muy poca conciencia y escasa luminosidad.

Las personas que son sabias jamas harían la violencia y el juicio contra los demás, y en el fondo, la gente que crucifica a la gente, lo hace por defender alguna causa, alguna programación, fanatismo o ideología, pero, si lo vemos de cerca no se está dando cuenta de lo que está haciendo. Está el cochero adormilado, y dirigido por el hechizo de las ideas que ha concebido como realidades. Se perdió en los mapas el escritorio, y se le olvidó caminar por los campos y montañas de la realidad.

En el opuesto al conocimiento, está la sabiduría, que en vez de ser un diálogo con nosotros mismos, a propósito de algo, es un silencio interior, es un verdadero vacío de las ideas para abrir los ojos a la observación, y la comprensión interior. Es ver las cosas sin concebirlas dentro de un esquema mental ideológico, para captarlas en sí mismas.

Para corroborar la enorme diferencia que existe entre los conocimientos y la sabiduría o luminosidad interior, bastaría preguntarle a la persona que observa las aves del cielo, qué es lo que está viendo: ¿Cuervos pintarrajeados, o sencillamente aves?

Es difícil aceptar que el verdugo en una cárcel, por ser fiel a su oficio, se sienta culpable de ahorcar a los sentenciados a muerte. Es casi imposible que los soldados que abren fuego contra los enemigos, vean en los otros a seres humanos que sufren, ríen y lloran como ellos.

Las ideologías colorean a los otros como enemigos y nada más, por eso los gatillos de las metralletas de unos y de otros se mueven rápido y con eficacia.

Y es cierto, porque así lo testimonian muchos excombatientes y exguerrilleros en sus años tardíos: *«si hubiéramos seguido los impulsos del corazón, en vez de la lógica de la cabeza no hubiéramos hecho lo que hicimos, porque estábamos viendo únicamente lo que se nos dijo...»*

Pero, la sabiduría tarda en llegar al cochero, que permanece enrollado en las ideas que lleva dentro, por eso, es bueno caer en la cuenta de esto: sentirse orgulloso de los propios conocimientos, en el fondo es un orgullo falso, o por lo menos, es el orgullo del prisionero que se siente satisfecho con la amplitud y colorido de su propia celda. Con estas palabras, yo creo, que aunque los conocimientos del cochero puedan ser buenos, a la larga obstaculizan la llegada de la sabiduría.

LO QUE LE SUCEDIÓ AL COCHERO CUANDO MURIÓ

Como lo hemos venido diciendo, la mente y los conocimientos están representados por la imagen del cochero cuya función es doble: por un lado, controlar los caballos para que no se desboquen y por el otro, en las ideas, o la visión, dirigir el carruaje por buen camino. Sin embargo, nos hemos propuesto en los últimos párrafos hablar mal de los conocimientos y de la mente. ¿Por qué, la mente ha sido elogiada ampliamente desde el racionalismo cartesiano, hasta los grandes logros de la razón en la tecnología moderna?

La respuesta va en la línea siguiente: es cierto, el hombre, el cochero, ha llevado el carruaje de la vida por supercarreteras. y a mil lugares de éxito y de progreso material, pragmático y técnico, pero el cochero se ha olvidado de entrar a lo profundo de sí mismo y descubrir lo que allí se encuentra. Por estas razones vale la pena imaginarse el siguiente diálogo entre Dios y el cochero...

Cuando el cochero murió, fue elevado sobre las nubes del crepúsculo hasta el mero cielo, y encandilado por una luz brillantísima, no pudo ver figura alguna. Solamente escuchó una voz, que le preguntó:

¿Quién eres?".

- Soy el cochero que debe llevar el carruaje al próximo pueblito.

- Te he preguntado quién eres, no cuáles tu oficio, repeló la voz.

- Soy hombre casado y padre de dos hijos.

- Te he preguntado quién eres, no cuál es tu estado civil, ni tu rol familiar.

-Bueno, -dijo el cochero-, soy una mente que piensa en el bien y en el mal, y cree en la vida, en la patria y en la religión...

- Te he preguntado quién eres, no cuáles son tus conocimientos. Volvió a insistir la voz.

Y varias veces aconteció lo mismo: el cochero, entre más datos daba, más recibía de la voz la misma pregunta, por que no le satisfacía ninguna respuesta.

Casi impaciente el cochero, enumeró todas las cosas que pudo.Soy religioso. Soy listo. Soy hombre. Soy... Y no daba con la respuesta, por que la voz, dijo: "No te pregunté por tu fervor, ni por tu capacidad intelectual, ni por tu sexo... Mi pregunta es y será: ¿Quién eres, y quién eres? Evidentemente, no consiguió pasar el examen, recibió como consigna el bajarse del carro, dejar los caballos descansar en el pasto, abrir la puerta del carruaje, y buscar a su amo, que probablemente estaba dormido en el asiento, esperando ser despertado.

LA GRAN PREGUNTA QUE NO PUDO RESPONDER EL COCHERO: ¿QUIÉN SOY?

En efecto, la mente no tienen la capacidad para responder quién es, porque las únicas respuestas que puede dar son los conocimientos que le han depositado en su interior. Exactamente igual le sucedería a un cassette de audio, que, o grabaron en idioma inglés, o francés, o ruso, cuando el fabricante le preguntase: ¿qué eres? El cassette, respondería según los idiomas grabados, pero fallaría en atinar a la pregunta del interlocutor; porque el cassette es cassette virgen, y la mente vacía y sin rollos sería la respuesta aproximada a las preguntas de una divinidad que insiste en el Quién eres.

LA DIFERENCIA ENTRE EL COCHERO Y EL AMO

Hasta este momento queda manifiesto, cuáles son las diferencias entre los caballos y el cochero, entre los sentimientos y las ideas, pero hace falta el corroborar las diferencias entre el cochero y el amo, o la diferencia entre la mente y la sabiduría luminosa.

UN DETALLE: EN LA TIERRA LA MENTE VE PATRIAS, Y LA SABIDURÍA VE MUNDO

En una ocasión, platica la leyenda, de un prisionero del ejército rojo que por buenos comportamientos y colaboración, se le condonó el tiempo de su cautiverio y se le prometió, después de 10 años de prisión, el poder regresar a su patria, a su tierra. Cuando el prisionero escuchó la noticia, la imaginación le trajo, las montañas, los soles, la casita, y la familia, que tanto amor nutricio le habían dado desde niño.

Se le dio ropa, y se le puso frente a un río con las siguientes indicaciones: su patria está en la otra rivera del río, vaya en paz. El soldado, se echó al agua anhelando tembloroso llegar a su tierra: nadó apresurado, y en la otra orilla, lloró, gritó y se echaba puños de tierra y lodo, exultante.

Pero algo inesperado le sucedió: un soldado rojo, le pidió una disculpa al momento de informarle que se habían equivocado en cuanto a los límites territoriales, ya que su verdadera tierra comenzaba a 10 kms. más al norte. Y lo absurdo aconteció: el ex-prisionero, al verse enlodado de tierra enemiga, sintió salpullido, y se quitaba desesperado, los pedacitos de lodo adheridos a la cara y a la ropa.

Y así sucede: la mente y los conocimientos, le produjeron la exultación y la frustración cuando la realidad del lodo se acomodó a la idea de patria primero, para desacomodarse después. Y la sabiduría, o el amo, lo que ven antes y después del río, es sencillamente mundo, universo, y realidad.

EL AMOR

Dentro del carruaje se encuentra el amo, o la capacidad de ver, de darse cuenta y de comprender la realidad, en su sentido más profundo. Por eso su función es manifestarle al cochero lo que debe pensar, lo que debe creer, lo que debe cuestionar, y lo debe reflexionar. El amor cuando está despierto, capta las cosas más allá de las ideas y las ideologías, y puede romper las ideas y mejorarlas. Pero, cuando el amor está dormido, el cochero es víctima de las ideas que lleva dentro y conduce al carro según le enseñaron los maestros, los guías espirituales, o los padres en la familia.

EL CARRUAJE

Esta parte de la comparación con las potencias humanas, representa la parte corporal, la parte instintiva, que también forma parte del buen manejo del cochero, con las riendas de los caballos. Entre más aceitadas estén las ruedas de la calesa, más fácilmente despierta el amo. Entre menos stress, y tensiones corporales se vivan, mejor funciona lo superior.

UNA REFLEXIÓN FINAL

Para lograr la limpieza de la mente, no se trata de llenarla de aprendizajes por sabios que éstos sean, sino, de aprender a estar en silencio, y que despierte el amo.

Había un rey preocupado por su hijo el príncipe, que no daba muestras de inteligencia despierta. Por lo mismo, contrató a los más famosos sabios del reino, para que lo instruyeran en la filosofía, la geometría y las matemáticas, y cuando uno de los maestros le explicó una vez y dos veces y treinta veces el teorema de Euclides, sin que el príncipe dormido pudiese entender absolutamente nada. El maestro desesperado, casi llorando, confrontó al príncipe y le dijo:

-*"Majestad, el teorema es perfecto, el sabio Euclides fue uno de los hombres más prestigiados de su tiempo, y toda la gente de juicio, acepta este teorema como evidente"*.

El príncipe, con gala y solemnidad, se levantó de su asiento, dejó los papeles y pronunció estas regias palabras:

-*"Maestro: no sé para qué hemos perdido más de 30 horas dándole vueltas al teorema. Bastaba que se hubiese dicho que era Sabio quien lo diseñó, y yo lo hubiera creído inmediatamente".*

Este punto nos hace ver la tragedia del cochero, porque siempre se conforma con creer y con los adoctrinamientos prestigiados. El amor se fastidia de ideas, rollos y creencias, y busca con toda la intensidad de la luz el ver y el captar la realidad, sin meterla a moldes prefabricados.

Por eso cuando está despierto, lo primero que hace es cuestionar las ideas del cochero para liberarlo de los cautiverios interiores.

CAPÍTULO XIII

La mente y la llave de agua

En el capítulo duodécimo se hizo la comparación entre la mente y un carruaje jalado por caballos, y guiado por la mano fuerte de un cochero. En diversas formas, se fueron exponiendo ideas y metáforas que hicieron ver que los sentimientos se comparaban con las fuerzas brutas de los caballos, y los conocimientos e ideas quedaron representados por el cochero. Las dos aplicaciones principales de este capítulo fueron: que los sentimientos deben estar dirigidos por las ideas, y las ideas movidas por los sentimientos, ya que si se dan disasociaciones entre los dos, parecerá el caos emocional, o los pensamientos inactivos y estériles.

Sin embargo, el mensaje principal de este capítulo, consistió enmarcar la importancia de amo, casi siempre dormido en la mayoría de los seres humanos, cuya influencia es definitiva para el verdadero despertar interior, y el control de los conocimientos y de las ideas. Cuando los conocimientos no están regulados por la sabiduría interior, se cae en la esclerosis mental, en el fanatismo, y en los encarcelamientos ideológicos como se ha hecho ver en los capítulos anteriores. Este capítulo terminó con una reflexión final, donde se manifestó la importancia de ver la realidad por uno mismo, más que aceptarla pasivamente por la autoridad moral de las otras personas.

LA LLAVE DE AGUA Y LA MENTE

Cuando el amo dentro del carruaje, está despierto, se puede decir que desde el asiento de atrás va dirigiendo al cochero, para que piense ciertas cosas y otras las cuestione y así, la dirección que el cochero ejerza sobre los caballos o las fuerzas de los sentimientos, sea más efectiva.

En la misma línea, se afirma que la mente debe ejercer una verdadera función de abrir y cerrar conscientemente, para dejar entrar ciertas cosas y otras no, y lo mismo para permitir salir ciertos contenidos, mientras frena algunos otros.

En otras palabras, la mente debe darse cuenta de que tiene la capacidad de controlar sus contenidos, lo cual resulta de importancia básica para la salud mental. En ciertas situaciones, por ejemplo, resulta sano el quedarse callado ante las provocaciones de personas que se gozan en meter zancadillas y sacarlo a uno del equilibrio interior, y lo opuesto en otros tiempos y lugares, también se ve como conveniente: el expresar lo que se está sintiendo, pausada o arrebatadamente, pero, dentro del contexto del darse cuenta. Porque corroborando lo que se va diciendo, resulta igualmente fatídico el quedarse callado cuando los demás atacan con violencia comanche, y también procede equivocadamente quien vocifera y saca todo lo que lleva dentro. Viendo las cosas con microscopio, lo malo para la mente, no está en soltar o retener, sino en retener automáticamente, sin darse cuenta o en soltar robóticamente las rabias cuando se recibe la agresión del otro.

LA COMPARACIÓN CON LA LLAVE

Para aclarar los párrafos anteriores, es indispensable que se caiga en la cuenta de la diferencia que existe entre mente controlada y mente reprimida o si se quiere, entre mente que se controla y mente que se reprime. Mente reprimida es aquella que sin darse cuenta ya se cerró o se abrió sin que el amo estuviese observando la operación.

El caso común y corriente, es el de la mujer que tan pronto es molestada por un hombre en la calle, como ella es para gritar su queja rabiosa. O el niño cuando es regañado por un padre impositivo, y sin observarlo, se queda callado, sin decir palabra. En estos dos casos, uno de abrir automático y el otro de cerrar robótico, está operando la represión inconsciente.

EL VERDADERO CONTROL

Redondeando el tema de la represión y del control, se ve que el control aparece en el momento que la persona insultada, se da cuenta y cierra conscientemente la respuesta y Conscientemente, observa cómo va cambiando los pensamientos hacia otros temas menos molestos.

Esto quiere decir cerrar la llave, y también se puede abrir ésta y dejar salir la molestia a los hijos o a la esposa, o a quien sea, con tal de que se vaya observando el proceso de la salida. En la represión siempre existen problemas posteriores, porque contenidos se quedan atorados dentro de la mente, más se pudren y más pugnan por salir, con consecuencias negativas, como los desgastes de energía y las fatídicas angustias.

Sin embargo, en el control nunca existen consecuencias negativas por los cierres o las aperturas de la llave, porque todo lo que se cierra consciente se puede abrir en igual forma. Y claro está, que lo que controladamente y observándolo se puede abrir, también se puede clausurar si la persona así lo decide.

Pero, esto supone un grado de conciencia superior al de un cochero, que por estar embobado en los rollos mentales, no se da cuenta de lo que está sucediendo en su interior. Solamente con la actividad del amor se logra el abrir y el cerrar de las energías mentales controladamente.

EL PROBLEMA DE LA INSEGURIDAD Y LA LLAVE DEL AGUA

La persona controlada, como lo venimos diciendo, se da cuenta de cuándo cierra y de cuándo abre su mente para el mejor manejo de la energía y de las situaciones. En cambio, las personas que se sienten inseguras, sin darse cuenta, bloquean expresiones de sentimientos y nunca dicen lo que les afecta, explotan en forma tal que los presentes comentan: "éste ya hizo el oso, otra vez".

Pero en realidad no existen personas nacidas de mujer que no vivan la inseguridad. Los humanos perfectamente seguros, todavía no nacen, ya que somos vulnerables y consiguientemente inseguros. Más aún, Aquiles, el gran héroe de la mitología griega, tenía un talón vulnerable, porque su madre, en intento frustrado por hacerlo perfectamente seguro e invulnerable, lo metió en el río de la fuerza y de la protección absoluta. Pero al meterlo de cabeza, y al ver que las aguas lo cubrían, no lo soltó del talón de donde lo tenía sujeto, y por consiguiente Aquiles fue un héroe invulnerable y con un talón debilitado por donde se colaba la inseguridad.

Yo pienso, en contacto con lo anterior, que el mundo no se divide en personas seguras colocadas en la mitad de la derecha, y en personas inseguras puestas en la izquierda. No. Más bien pienso que las personas se dividen en personas inseguras manifiestas, y que van manejando su vulnerabilidad en la derecha, mientras que en la izquierda aparecen las inseguras disfrazadas que levantan el entrecejo, hablan con la voz impostada, y les da por golpear de vez en cuando el escritorio frente a los subordinados, para manifestar una fuerza que quizá esté faltando. En el grupo de los inseguros sinceros el amo interior está despierto, y existe un control de las energías interiores, mientras que en los inseguros disfrazados de gigantes, los cierres de la llave son automáticos y viven bajo continuos estados de represión y de explosiones de sentimientos.

LAS SIETE FÓRMULAS DE LA REPRESIÓN DE LA MENTE

La llave se cierra automáticamente cuando se usan estos mecanismos frente a las personas que nos despiertan la inseguridad y la angustia que llevamos dentro de nosotros mismos, y curiosamente son más peligrosos entre más automáticos e inconscientes sean, y menos nocivos cuando se utilizan conscientemente, ya que en la patología o en la locura, estos mecanismos abren y cierran las energías de la mente, en forma totalmente automática, sin que la persona se esté dando cuenta de sus distorsiones, y represiones. En cambio, también pueden ser usados por las personas conscientes, que se están dando cuenta perfecta de su coraje que se callan, o de su angustia, que controlan con risa o con sueño. Cuando los mecanismos se usan bajo la vigilancia del amo que se da cuenta del abrir y el cerrar de la llave, la persona no corre peligros de patologías, y no está enferma. Cuando mucho se le puede acusar de manipuladora y de ventajosa, como cuando se critica al jugador de poker, que se viste de smoking, con cartas ocultas en la manga por si acaso, y que sonríe al ver sus cartas como si tuviese comodines cuando le tocó una pésima jugada con cartas de baja denominación.

En otras palabras, cuando se reprime a la mente con estos mecanismos, y la persona no se da cuenta se avanza al deterioro, y cuando la persona conscientemente controla su mente, si lo hace para bien, conserva su energía siempre alta y si lo hace con ventaja consciente sobre los demás, cuando mucho, quedaría calificado como calculador, frío, que no se embolcta con los juegos agresivos de los otros.

PRIMER MECANISMO DEFENSIVO: LA REPRESIÓN

En el fondo todos los mecanismos siguientes tienen algo de los demás, sin embargo se van añadiendo algunos detalles interesantes, como a continuación se podrá observar.

En la represión entendemos una forma conveniente de olvido, donde la persona hunde dentro de la mente aquello que si lo trajese a cada hora, se agotará hasta llegar al colapso. Porque existen realidades que no las podemos tragar ya que nos hacen sufrir, o nos producen ascos tan fuertes que las deglutimos enteras. Las pasamos al estómago sin que toquen la lengua, ya que no queremos saber de ellas. Y las guardamos en algún rincón de nosotros mismos.

Es parecido a los tragos rápidos que les dábamos a las cucharadas del aceite de reeino, cuando niños, para quitar el empacho. Aunque con la mente no pasa exactamente igual a lo que acontece con el estómago, porque el aceite al llegar dentro hacia un buen efecto estomacal, mientras que la realidad que no es metabolizada por la mente, se queda indigesta, y se va neerosando, en forma progresiva.

En la represión, la persona pretende olvidar lo que no digiere y le atormenta en forma de angustia, pero, no queda en paz... Como aquel hombre atormentado por las drogas de la casa, y del auto que lograba olvidarse absolutamente de las letras de pago, pero se veía trémulo y a ratos sudaba frío.

Sobre todo los días de quincena, o los últimos de cada mes cuando sonaba a la puerta el cobrador de la inmobiliaria. Y extrañamente, cada vez que alguien llamaba por teléfono o sonaba el timbre durante la semana, él se ponía de mal humor y de sobresalto.

SEGUNDO MECANISMO: LA RACIONALIZACIÓN

Este mecanismo, es usado por las personas inteligentes y por las personas que se creen listas o se pasan más allá de la brillantez, porque es el mecanismo de las excusas, los rollos, y las palabras explicativas.

La definición de esta forma de distorsión de la realidad se define así: son las explicaciones justificativas sobre lo que hago, o siento o actúo, pero las razones dadas aunque son buenas y suenan verdaderas, nunca son las que realmente motivan mis conductas. Es decir, digo y explico que voy a estudiar a la universidad porque me encanta la materia de modelado, pero no digo que en definitiva voy por la maestra que es, tan bella y bien formada como una modelo. Es cierto que me gusta el modelado, pero no es la razón por la cual asista a clases, ya que si me quitan a esa maestra o empiezo a faltar, o cambio de universidad para encontrar nuevas modelos. En pocas palabras, cuando la persona se cierra a los sentimientos verdaderos interiores, y no los puede manifestar porque se sentiría avergonzado frente a los demás inventa razones, entre más listo, más razones y mejores, pero siempre secundarias al verdadero motivo que lo hace actuar. Este mecanismo, se da mucho en las madres que buscan conservar su imagen de madres perfectas, y cuando pierden la paciencia con los hijos traviesos, insisten que los gritos, los sermones y los regaños furiosos que les aplican a ellos, no son por rabia, sino por el bien de ellos.

"Y esto te lo digo para que de grande aprendas lo que es la vida, ya que lo único que me importa en la vida es tu bien".

Es cierto, pero, a esta señora se le cerró automáticamente la llave de la muerte y no aceptó, que el verdadero motivo de las regañadas, era la rabia porque el hijo le rompió el jarrón. Por eso, ni siquiera lo ve. La mente está cerrada. La llave del agua se le cierra automáticamente.

TERCER MECANISMO: LA PROYECCIÓN

Es el mecanismo clásico de las personas que les da por sentirse buenas y sin pecado original, ya que todo lo que siente "feo o malo" lo atribuyen a personas o cosas que están fuera de ellas, para conservar como propio solo lo bueno, bonito y bello.

Se da por ejemplo en aquella mujer educada en el puritanismo victoriano, donde todas las cosas placenteras estaban etiquetadas como pecaminosas o encordonas, que en momentos de despertar del impulso sexual. en mitad del baile, y después de la segunda copa, en vez de aceptar el movimiento interior como algo personal, lo avientan al varón que se les queda mirando unos segundos, y por ese hecho, afirman que: *"esos hombres de la mesa de enfrente me están mirando con ojos lujuriosos de malas intenciones"*.

Es decir la mente no acepta lo que le está gritando el cuerpo, y lo proyectan hacia afuera. Todo lo malo, -dicen-, fuera de mí, pasa. Allá enfrente están los enojones, porque yo no me enojo, al lado izquierdo, se sientan los envidiosos, porque soy generosa, y al lado derecho se colocan los mentirosos, porque yo siempre digo la verdad. Y en el fondo, estas personas son incapaces de detectar sus basuras en los ojos, porque ven las vigas en las miradas de los demás.

CUARTO MECANISMO: LA FORMACIÓN REACTIVA

Este mecanismo se da en las personas melosas, y sobre afectadas en sus muestras de educación y cariño social hacia los demás. Son las señoras del *"Oye chulis, hace siglos que me moría de ganas de verte"* Y son los señores del *"Mi amigo del alma, déjate ver más seguido, que tengo excelentes negocios para tí"*.

En este mecanismo la persona cierra la expresión del sentimiento verdadero, y saca el opuesto en forma exagerada. Un caso típico, es el de la señora de educación europea, que ha recibido de uno de los invitados algunos desaires que la malhumoran. Curiosamente, aunque los buenos observadores le notan la mandíbula trabada, y los labios apretados, ella se muestra graciosa y bondadosa hasta traer para el invitado impertinente, el postre reservado para los encuentros especiales.

Es un hecho, las personas melosas que sentimos plásticas y artificiales, en el fondo desearían haberse no encontrado con nosotros, y no se explican por qué decidieron salir esa tarde de su casa. Pero la mente cerrada automáticamente les impide el ver la distorsión del coraje para transformarlo falsamente en dulzura empalagosa.

QUINTO MECANISMO: EL DESPLAZAMIENTO

Este mecanismo, aparece como rasgo de personalidad en los emocionales, que no encuentran la llave para cerrar ciertas manifestaciones explosivas. En el desplazamiento, la persona descarga automáticamente el sentimiento de rabia o de amor, no en la persona que realmente lo provocó, sino en una que se le parece o por lo menos juega roles parecidos. Es el caso repetido, del gerente de la empresa, que lleva un desgaste emocional agudo, por problemas con la esposa, y sin darse cuenta, le grita, y se queja continuamente con la secretaria, que no le lleva el café, o se equivoca en la redacción, de algún, dictado del oficio.

Estos desplazamientos ocurren frecuentemente, cuando la persona está sobrecolmada de sentimientos, o está agotada por el stress crónico, y ya no se aguanta ni sola ni a solas en el recinto de las cuatro paredes de su cuarto. Por esto, fácilmente, la persona enferma de amores o de soledades, acaba sintiendo amores intensos por el amigo con el cual se desahoga, o por el director espiritual, que le escucha y le comprende.

SEXTO MECANISMO: LA SUBSTITUCIÓN

En este mecanismo caen las personas que no se quieren, se caen mal, y no se aceptan, porque no les gusta su forma de ser. Esta actitud negativa de autorechazo, les lleva a exagerar notoriamente alguna cualidad para ganar por esa gracia, lo que no recibirían socialmente por la manifestación de sus limitaciones. El tímido, si se expresa con su timidez en la fiesta, no se le acercan las damas, mientras que los amigos acaban aburriéndose, y dejándolo solo, por esto aprende a tocar hábilmente la guitarra, y a cantar. Y con esta habilidad, las damas le invitan a las fiestas, y los amigos se sienten orgullosos de él, sin embargo, como no ha buscado mente adentro las causas de la timidez... en el momento que se le olvida la guitarra, o se coloca en un ambiente donde no hay afición por la música popular, le reaparece el sentido de vergüenza o de inadecuación y de timidez.

Se da en la mujer que se siente fea, y no acepta su cuerpo, porque no lo ha perdonado, o no aprendió a vivir con él, y para que no la miren feo. según ella, gasta toda su quincena en cosméticos, y pierde horas frente al espejo, consultando sobre temas de belleza y de fealdad.

SÉPTIMO MECANISMO: LA SUBLIMACIÓN

En la sublimación, la persona expresa por los canales y medios sociales aceptados, algunos detalles de su personalidad que de hecho son inaceptables por los demás. Como es el caso del homosexual, que lleva dentro de sí mismo, el gran deseo de manifestar impulsos fuertes de feminidad no integrada. ¿Qué hacer con la feminidad en sobredosis, qué hacer con tanta sensibilidad que los demás juzgan impropia para los roles masculinos?

No queda otra, que el encontrar un vehículo de expresión que sea aceptado por la sociedad. Allí es donde aparece la sublimación. El homosexual puede ser que desee expresar su sensibilidad, en la danza, en el arte, en la decoración exquisita. Es decir en roles que no sean tan masculinizados. Lo mismo el hombre o mujer cuya agresividad, se desborda fácilmente, y no pueden vivir sin criticar al vecino porque la rabia se transpira por cada poro, socialmente, se puede expresar en roles que requieran de mucha agresividad, como el crítico de arte, o el encargado del control aduanal de drogas, o el médico de las autopsias, en los accidentes de las carreteras.

UNA APLICACIÓN CONCRETA

Aunque todos los seres humanos usamos los mecanismos de defensa muchas veces durante la semana, éstos se recrudecen cuando nos alejamos de nosotros mismos, y olvidamos la capacidad de la mente para autocuestionarse y para reflexionar sobre lo que pasa dentro y fuera de ella.

Lo malo, quiero reiterarlo, no está en el usarlos o dejar de hacerlo, sino el estar dormidos, cuando éstos se manifiestan en las situaciones amenazantes. Con todo es bueno saber de tres termómetros que miden incuestionablemente su presencia en la mente.

LOS TRES TERMÓMETROS

Se puede decir sin lugar a dudas, que si alguno de estos tres momentos se presentan en nuestro vivir, es por razones de inseguridad, de cierta angustia, y de cierres automáticos de la cabeza.

PRIMER TERMÓMETRO

Cuando una persona no acepta la inconsciencia de su conducta, cuando no acepta que se equivoca, y que tiene errores, pretendiendo el absurdo de ser una especie de encarnación divina, seguramente se está sintiendo profundamente vulnerable e insegura. Sencillamente porque no puede ser, el que alguien borre el error personal en su agenda.

¿Cómo? Einstein fue reprobado en su examen de admisión para la universidad y los seres humanos, más que ser ángeles caídos a la materia y al fango, en realidad, son antropoides en camino de huminización. Por lo tanto las equivocaciones son parte de la plastilina humana.

SEGUNDO TERMÓMETRO

Cuando la persona vive pensando razones para quedar bien y para justificar por qué hizo o no hizo, por qué gritó, por qué llegó tarde, por qué se quedó callado, por qué no trajo los papeles.

La cabeza inventa mil razones cuando se ve amenazada, y por eso cuando el esposo va a llegar tarde desde el periférico, va inventando razones y haciendo discursos de lo que le dirá a la esposa cuando le abra la puerta. En las oficinas, en la escuela, en la familia, siempre hay recetarios largos, y nutrido de razones por las cuales no salen bien las cosas.

TERCER TERMÓMETRO

Cuando la persona reacciona emotivamente, si alguien se atreve a poner en duda las motivaciones por las cuales está realizando algo. Estas personas se enfurecen y contraatacan hábilmente cuando alguien insinúa sarcásticamente el: *"a mi se me hace que tú..."*

Cuando los defensivos escuchan el *"a mí se me hace que tú"*, no das caridad por amor a los pobres, sino para salir en las páginas de sociales de ciertos periódicos, pierden la compostura espumeando saliva. En cambio los no defensivos cuando alguien insinúa algo, o ataca de frente, no viene la emocionalidad como respuesta, sino la paz y el diálogo para ver las distintas posibilidades entre las motivaciones de la conducta... *"oye, -dicen tranquilamente-, no lo había pensado así, pero también puede ser que me encante salir en las páginas de sociales... "*

La mente cerrada se manifiesta con toda claridad cuando las personas al discutir nunca pierden una discusión, y no porque sean muy listas, sino por las terquedades emocionales siempre resultan tener la razón. Como aquel jinete que cabalgando por un campo de entrenamiento, y en un descuido salió volando por enfrente de la cabeza del caballo.... Cuando los caballerangos, le fueron a levantar, éste con gritos y protestas los hizo a un lado diciendo: -quítense a un lado, que no pueden ver que así me bajo yo.

UNA REFLEXIÓN FINAL

Las personas que viven con grandes inseguridades y angustias interiores en el fondo o no se aman o les da por ser personas muy creídas, como se manifiesta en estas dos leyendas para la reflexión y la introspección. Las personas que no se aman se ven sorprendidas con el relato de un novicio que buscando la santidad fue a un convento donde el padre director tenia fama de sabio y de amigo íntimo de Dios.

Este novicio planteó lo siguiente: "Cuando llegué la primera vez al viejo convento en medio del bosque de pinos, el Padre Maestro me sometió a un riguroso examen que al principio no logré entender...

- -"¿Sabes quién es la única persona que no habrá de abandonarte jamás en tu vida?"
- -"No, la verdad, no lo sé, - respondí".
- -"Tú".

-"¿Sabes quién es el único que puede amarte siempre y comprenderte, a pesar de todos tus errores, aparte de Dios?".

-"No lo sé". -Volví a responder.

-"Tú mismo".

-"¿Y tienes alguna idea de quién es la única persona que puede sacarte adelante de todos los problemas en los cuales te metas?".

- "Lo ignoro completamente". -Respondí perplejo-.

-"Tú mismo".

- "¿Y puedes adivinar quién tiene la respuesta a todas las preguntas que puedes hacerte?".

-"Me rindo siento que no puedo pasar este examen".

-"Tú".

Después, el Padre Maestro, como vio que no estaba fuerte para el camino de la santidad, me puso como condición que cayera en la cuenta que el examen que Dios pone a todos los humanos se resuelve con aquella frase divina: «*amarás a Dios con todas tus fuerzas y con toda tu alma, y luego a ti mismo como con toda la intensidad de tu corazón para que solamente así puedas amar en la misma medida al próximo y a los demás*».

Es cierto, solamente las personas que logran amarse así como son y precisamente porque son así logran cambiar, y no tienen por qué reprimir las fuerzas interiores, ni se sienten amenazadas ante los demás.

El que tiene amor para sí mismo, almacena amor para los demás, y no al revés.

En cuanto a las personas que se creen personajes de la vida y de los negocios igualmente les costará trabajo el sentido de este relato de los padres del desierto.

Se platica de que hace muchos años, se contaba de una extraña aparición de un espíritu maligno, que disfrazado de ángel de luz se manifestó a uno de los ancianos Padres del Yermo; y le dijo: Soy el ángel Gabriel y me ha enviado a ti Dios Omnipotente. El anciano extrañado por tan importante visita replicó: "*Piénsalo bien, porque seguramente has sido enviado a otra persona. La verdad, yo no he hecho nada que valga la pena que merezca la venida de un ángel*". Y con esta respuesta, se esfumó el espíritu maligno y nunca más volvió a hacer el intento de acercarse a aquel buen anciano.

El comentario final a este relato consiste en esta reflexión: si un ángel de luz se hubiese manifestado a cualquiera de las personas que usan sistemáticamente los mecanismos defensivos, y que su mente se abre y se cierra automáticamente, lo más probable es que hubiesen pensado ante la visión celestial...

"*Caramba ya era hora que se fijaran en este hombre bueno y fiel que no hace otra cosa que luchar por el bien de todos*". Y con sonrisa de Santa Claus, se quedaría a cenar con el ángel.

CAPÍTULO XIV

La mente y la religiosidad

En los dos capítulos anteriores se manejaron las relaciones entre la mente una llave de agua para ver las diferencias entre el control de la mente que siempre aparece como un cerrar la llave consciente y voluntariamente y no dejar las energías del coraje o del amor, mientras que en la represión se vio cómo estas energías quedaban o amarradas o sueltas en forma involuntaria, automática y violenta.

Quedó de manifiesto que en el abrir y cerrar de la llave no era el hecho mismo de frenar o dejar la salida de las energías mentales; sino la forma consciente o inconsciente de esas salidas.

En otro de los temas se vio cómo los mecanismos de defensa operaban automáticamente en la llave de la mente para distorsionar las realidades amenazantes y frenar momentáneamente el fluir de la angustia. Los mecanismos de defensa al ser un mecanismo pseudoadaptativo e inconsciente la mayoría de las veces no ofrecía la garantía para protegernos del goteo, y del escurrir de las ansiedades ante las realidades molestas.

Finalmente este capítulo terminó con la exposición de los tres termómetros que detectaban la clara presencia de los mecanismos de defensa desde la represión hasta la sublimación. Estos mecanismos podrían resumirse en la actitud emocional de estar buscando razones para intentar justificar las conductas que vivimos continuamente.

Cierra el capítulo con una reflexión final sobre la necesidad de amarse uno mismo sin condiciones, a pesar de los errores y precisamente por ellos, porque el que se siente culpable todo el tiempo más que odiar al pecado a quien odia en realidad es a él mismo. En este capítulo se verá cómo la mente imagina a Dios en forma tal que lo visualiza como un dios canasta con todo lo que el deseo necesita para ser complacido, o como un tormento, con todos los elementos de olor que requiere una persona atormentada para sentirse comprendida. Finalmente se cierra este capítulo con algunos elementos que llevarían a la mente a una religiosidad más madura sin hechizos... Porque el verdadero Dios aparece en la cabeza despierta como un Dios siempre mayor a cualquier imagen de la cabeza.

LA ESENCIA DE LA RELIGIOSIDAD

Hablar de la religión es un tema delicado que es propio de los especialistas de las ciencias teológicas, en cambio el campo de la religiosidad resulta más extenso y más lentamente abordable por otras disciplinas como las preocupadas por todo lo humano: la antropología, el desarrollo humano y otras. Y en contacto con estos puntos, cabe señalar que como a Dios no la ha visto nadie cara a cara, la mente tiende a prefigurarlo a inventarlo del tamaño de la magnitud de la propia conciencia. Es decir las personas que tienen la mente estrechada, cuando piensan en Dios, lo imaginarán chiquito, mezquino, poquitero, con intenciones continúas de culpar, castigar y prohibir, mientras que las mentes amplias lo imaginan infinito, incomensurable pleno lleno de belleza, amor, verdad y justicia.

En este sentido, vale la pena reiterar que cada quien va teniendo dentro de la cabeza el Dios que se merece, y que puede concebir. Cuando una persona encerrada dentro de las paredes de su casa, enemigo del conflicto, y de las mujeres se pone a pensar en El Ser Divino, lo imagina adversario del placer, de lo sexual, y del riesgo. Y por el contrario, cuando la persona que ha vivido a fondo su vida, en vez de haberla ahorrado en cajas de miedo y de excesiva prudencia, y cuando piensa en Dios lo piensa amigo de la humanidad, amoroso, feliz con la creación, universal para todos, sin partidismos, sin elitismos, sin preferidos ni rechazos. En relación con las religiosidades que se van dando en cada persona, lo esencial que consiste, en que ésta empuje al creyente a un compromiso serio con la vida, con el amor la verdad y la justicia en este mundo y dentro de este tiempo. Pide la religiosidad verdadera que las creencias de la gente sean impulsoras de vida y no capelos de conformismo, capillas de mediocridad, ni drogas de evasión de la realidad. Ya que cuando la función de las creencias consiste en exclusivamente tranquilizar y soñar en otros mundos y en otros tiempos, sin hacer nada por influir en la historia personal y familiar es una creencia de dudosa denominación, por que es totalmente falsa.

En relación con estos principios sobre la religiosidad madura existe una leyenda antiquísima sobre el inventor del fuego y las consecuencias.

EL INVENTOR DEL FUEGO

Se narra que hace muchos años existió un hombre, que después de múltiples esfuerzos con piedras, y ramas secas, un día, descubrió el arte de hacer fuego, y fue tal su felicidad y tan grandes los beneficios que obtuvo de este maravilloso descubrimiento que decidió comunicarlo a varias tribus circunvecinas de donde vivía.

Fue visitando a distintos grupos y encontró respuestas tan extrañas ante el fuego, y el incendiarse al rojo vivo de las brasas que se quedaba perplejo. El fuego despertaba entre los distintos grupos étnicos, miedo y sorpresa, pero, lo que más suscitaba entre los jefes y los sacerdotes era la envidia.

Cuando llegó a la primera aldea, se reunió con los sacerdotes, y puso frente a los ojos azorados de ellos, todos los instrumentos, del maravilloso arte: sacó los pedernales, las ramas secas y algunas hojas de árboles y empezó la demostración. Cuando el mismo fuego del rayo se mostró prendido de las brasas y de la madera, los sacerdotes se llenaron de coraje y se confabularon para ver como matarle. Lo decidieron de noche para que la gente no se enterara, ya que se había hecho famoso entre todos.

Sin embargo, para reparar en alguna forma el crimen que habían cometido contra el inventor del fuego, decidieron hacer una gran estatua, para que el pueblo lo recordara eternamente, lo adorara y lo lanzara en los días de fiesta. Y así fue, aquel pueblo que se había encariñado con aquel hombre, lo veneraban en su gran estatua, le rezaban y le bailaban con gran devoción, pero sentían frío y en los inviernos, las heladas les quemaban la piel y los huesos.

Con todo, cuando había visitado a otros grupos, se habían logrado aprendizajes particulares, sobre el fuego, por ejemplo en la segunda aldea que visitó, la gente había puesto los instrumentos del fuego; las piedras, las maderas, y las hojas en una caja de oro, la adoraban con gran devoción Llegaron a creer tanto en los pedernales las ramas y las hojas que corría la voz que quien tocara el cofre podía tener efectos de curaciones milagrosas. Sin embargo, aún a pesar de tantas creencias el pueblo frecuentemente se resfriaba y vivía metido dentro de las chozas, cuando el invierno caía helado sobre las ramas secas de los árboles.

En la tercera aldea que visitó, los sacerdotes admirados ante el prodigio, decidieron escribir los secretos del arte de hacer fuego en unos libros que llamaron sagrados y los colocaron sobre un altar de piedra fina recamada en oro, y exigieron a todo el pueblo que hiciera procesiones y liturgias de veneración ante esa presencia extraordinaria.

Más aún, dictaminaron leyes condenatorias para todos aquellos que intentaran contradecir los secretos del fuego. Pero, en aquel pueblo no había fuego. La comunidad se congelaba, y había miedo entre todos de intentar hacerlo, porque esa función quedaba restringida para la casta sacerdotal, aunque ellos mismos, tampoco aplicaban los secretos de los libros sagrados.

Narra la leyenda, que después de largos años, un grupo de antropólogos en prácticas de campo se internaron por aquellas regiones para conocer a fondo sus costumbres, sus creencias, y su fe. Y encontraron, en el primer pueblo a muchos grupos de artesanos especialistas en hacer estatuillas del inventor del fuego, en el segundo pueblo descubrieron que la gente se había organizado en grupos de vigilancia para custodiar el cofre con los instrumentos del fuego, mientras que en el tercer pueblo se toparon con gente que se había especializado en escribir y profundizar los libros sagrados sobre el fuego. Sin embargo, igualmente encontraron comunidades que usaban el fuego, se reunían alrededor de él en las noches plagadas de estrellas, y fundían metales, para hacer los instrumentos del servicio de la choza y de la caza. Eran pueblos con fuerza, con calor y con mucha vida.

En palabras llanas la esencia de la religiosidad consiste en ser fuego, en arder al rojo vivo en vida y en felicidad, más que adorar conocer los libros que contienen los secretos de la luz, porque lo que pretendió el inventor, era que las personas vivieran del calor y de la luz de las llamas, que fueran fuego, como parafraseando aquellas palabras de Jesús de Nazareth: «...*fuego vine a traer a la tierra, y que quiero, sino que arda...* », donde indica que más que ser otra cosa lo esencial es transformarse en llama viva. Algo así, como la genial pintura de Orozco, en la cúpula del Hospicio Cabañas, del hombre de fuego que se eleva por encima de todo.

La esencia de la religiosidad busca jalar al hombre hacia Dios, hacia lo divino, y por o tanto encenderlo de fuerza y de divinidad. Por esta razón vemos que la religiosidad que enajena no puede ser válida.

LOS TRES TIPOS DE RELIGIOSIDAD

La mente tiende a imaginar lo que no ha visto, y por lo tanto busca desesperadamente conocer a Dios. Más aún desde que el hombre es hombre lo ha buscado en todos sus posibles escondites; en el relámpago y el mar, en la montaña y en la nube, en el espacio infinito y en el abismo del corazón humano. Sin embargo, nunca se lo ha topado cara a cara... Moisés en la zarza ardiendo sólo oía la voz.

En relación con lo anterior, Dios siempre está, pero manifestado a través de señales reflejos. Está pero no se ve, como en muchas de las películas de Berman, donde Dios es el primer personaje, y sin embargo no aparece en la pantalla, sólo el reflejo, como a través de un espejo.

LAS CREENCIAS Y EL REFLEJO DE LA LUNA

En una ocasión, un poeta estaba recargado en el barandal de un puente sobre un lago bajo una inmensa noche cuajada de estrellas, y veía extasiado la noche sobre las orillas del agua. En eso pasó por el puente un hombre ebrio que caminaba dificultosamente rumbo a su casa. Sin embargo, detuvo su camino al notar al poeta como extasiado, con la cabeza agachada mirando en el fondo del lago.

-¿Qué estás observando? -Le preguntó, intrigado.

-Estoy mirando la luna. -Respondió el poeta.

En esto, el borracho puso atención en el lago, y vio en efecto una luna enorme flotando sobre las ondas, y quedó extrañado.

-Bueno, -dijo sorprendido-; ahora, dime,:

-¿Quién la aventó hasta allá abajo?

Este cuento marca con claridad, la diferencia entre las creencias enajenantes y la esencia de la religiosidad que enciende en fuego. Las creencias enajenantes son las que podría ir formulando el poeta y el borracho, al interpretar a la luna que se baña en el lago, sin atreverse a buscarla donde verdaderamente está. Se conforman con los reflejos, y con las imágenes mentales de la luna y se quedan en ello. Con esta actitud, la luna queda perfectamente guardada en el bolsillo de la mente.

En cambio, la verdadera religiosidad, es la que consiste en levantar la cabeza y buscarla directamente en el cielo, aunque cueste más trabajo.

LA RELIGIOSIDAD DE LA RIQUEZA

Es una religiosidad llena de imaginaciones infantiles acerca de lo sobrenatural, porque Dios aparece como una especie de supermán que está esperando el momento para rescatar a aquellos que se lo soliciten. Por lo tanto es un Dios comodín, que los que lo juegan se lo sacan de la manga para siempre ganar con las cartas de la vida. Es siguiendo la misma línea de las comparaciones una especie de Alka Seltzer que entra rápidamente en acción para quitar los malestares personales. Sin embargo, es un Dios al cual se acude después de las grandes fiestas cuando duele la cabeza, y jamás se requiere mientras toca la orquesta y la gente baila vestida de colores.

En continuidad con la religiosidad de la riqueza se ve que las características de este Dios son las siguientes: en primer lugar es un Dios que está fuera del mundo, más arriba de las nubes, allá en lo eterno, y que la mente lo conoce o lo adivina como Espiritual, Eterno, Omnipotente, Libre, Bondadoso. Y no todos logran hacer contacto con él porque no todos reciben sus favores, ya que algunos son sus escogidos, y la inmensa mayoría de los humanos son sus olvidados.

Las personas que viven la religiosidad de la riqueza, se las han ingeniado para poderse comunicar con esta divinidad. Han inventado unos radiocomunicadores de alta frecuencia, que taladran el espacio para llegar hasta el más allá. Estos radiocomunicadores, son unos enormes monumentos de piedra que tienen en la parte alta de sus torres unas puntas con señales religiosas.

Es un Dios cómodo porque como no está en el mundo, y tiene preferidos, no le importan las cosas delicadas como la política, la injusticia, y el trato que se dan las personas en los negocios y en las familias.

Él está allá en los cielos, y los humanos al ser lo opuesto de él, ya que somos, encarnados, temporales, limitados, condicionados y pecadores, quedamos colocados demasiado lejos. Este Dios no está en las calles, ni en las fábricas, ni en los negocios, porque eso no le toca a Él. Esos, son asuntos humanos, que deben ser manejados entre humanos, sin que Dios se entere.

Por lo tanto, se podría con facilidad, maltratar a la esposa, y dejarla sin recursos económicos, en caso de pleito y de divorcio, se podría ir a hablar con Él a los monumentales radiocomunicadores, aun a pesar de que no se paguen salarios justos, y se calumnie al hermano, al vecino y al enemigo. Porque según la religiosidad de la riqueza, a este Dios no le importan estos asuntillos humanos de poca monta. Lo único importante para Él, son los asuntos de mucha monta, como la salvación espiritual, la pureza del alma, y los pensamientos angélicos.

CÓMO FUNCIONA LA RELIGIOSIDAD DE LA RIQUEZA

Esta religiosidad se puede dar en muchas religiones, no es exclusiva de alguna en particular y sobra decir que las religiones todas son maravillosas y excelentes en cuanto se apegan a los ideales de sus iniciadores, y de sus místicos.

Lo que en las religiosidades se ve es el tipo de Dios que cada quien escoge para acompañar su vida, porque optar ante Dios es en definitiva decidir la actitud que se tome ante la vida y los demás. Así, se clarifica que así como hay actitudes cómodas ante la realidad, y ante los problemas sociales, también se dan actitudes religiosas infantiles, con dioses de fantasía y caramelo, dioses del kermes, y de utilería teatral.

Esta religiosidad funciona como tranquilizante. Por ejemplo si la persona creyente de este primer tipo, se entera en los periódicos, que hubo un terremoto en Centroaméricana, con miles de muertos, y de heridos, que no tienen ni casa ni alimentos ni medicinas, porque quedaron en zona de desastre, produce en los creyentes una especie de extraña cosquilla interior que los hace tomar el Taurus último modelo, para acercarse al radiocomunicador religioso y hablar con Dios.

Allí, en el recinto sagrado, en el silencio con olor a cera y a incienso, sienten que Dios ya está. Y le piden cobijas, médicos y trabajadores sociales, para que se dirijan a la zona afectada, y todos los damnificados sean ayudados. Al terminar las oraciones y el fervor, se quedan con la fantasía en la mente, de que Dios como Águila Gigante, bajará con el crepúsculo para sobrevolar la miseria de la gente afectada y soltar medicinas y alimentos. Con esta fantasía, se van a desayunar jugo de naranja, pan tostado y mermelada de fresa, mientras esperan el milagro.

Y así siguen apareciendo en los diarios las muertes y los sufrimientos de la gente y ellos siguen acudiendo a las oraciones, sin hacer absolutamente nada por los demás. Curiosamente se pelean con la esposa y con los hijos, y en vez de arreglar las cosas con ellos en directo, mejor van a arreglarlas con Dios en la penumbra religiosa del recinto sagrado. Esta religiosidad es bueno que se transforme, y que este reflejo de Dios desaparezca, porque está muy generalizada en muchos sectores de la sociedad.

Recuerdo, cómo algunas de mis primas, ponían de cabeza la estatuilla de San Antonio para procurar que les concediese un buen novio y un excelente esposo. Y alguna gente de la gran provincia, cómo le escondían la escobita a San Martín de Porres para que el Santo fuese más asiduo y trabajador en llevarles sus particulares necesidades.

LA RELIGIOSIDAD DE LA POBREZA

En esta religiosidad, las personas imaginan que Dios es un comerciante que concede todos los favores pretendidos, y que llena las más extrañas necesidades si se le da una moneda adecuada a cambio. Es un Dios que comercia con el dolor y con el sufrimiento humanos, porque las personas que creen en este Dios están convencidas, que Dios les escucha principalmente, cuando están sufriendo, cuando hicieron sangrientas penitencias, y cuando han estado en largos ayunos y penosas abstinencias.

Es un Dios doloroso y dolido, pero, que gusta del sufrimiento, como una especie de vampiro celestial que llega siempre que ve sangre y lágrimas. Estos creyentes, cuando alguien muere o se cae de la bicicleta automáticamente piensan: «Ya ven, Dios lo castigó».

Es un Dios culpígeno, que como gendarme o policía invisible está al acecho de que se cometa el mal, el pecado, el error y la imperfección para caer punitivamente contra el atrevido.

En línea con lo mismo, vemos cómo sus devotos, mágicamente comercian con El acumulando sufrimientos, y entre más sufren más lavan sus sentimientos de culpabilidad, y más experimentan la satisfacción de sus creencias. Al Ser un Dios susceptible a los rituales mágicos, es una divinidad intramundana, totalmente involucrada en los sufrimientos humanos. En el fondo dirían los especialistas, es la proyección de la gente atormentada, y dolida por tanto abandono, y tantas opresiones socioeconómicas. Se sienten taladrados en carne propia, y sus mentes imaginan que su Dios casi moribundo aparece crucificado, sin posibilidades de arrancarse del madero, y resucitar transformado en una vida más humana.

Obviamente, es un Dios que no tiene una moralidad objetiva, más bien tiene características no de inmoralidad. Pero sí de amoralidad, porque parece que todo lo permite. Sus creyentes le piden desde la salud de la hija, hasta agilidad de dedos para jalar una cartera al descuidado, o unas faldas a la comadre cuando el compadre se ausenta y se va lejos. En realidad, cuando se ha sufrido hasta el colmo, las realidades se ven totalmente distintas.

LA RELIGIOSIDAD MADURA: DIOS SIEMPRE MAYOR A LO QUE PENSAMOS

Esta religiosidad concebida por una mente madura, es auténtica porque está siempre exigiendo al creyente la evolución, y el desarrollo personal cueste lo que cueste, ya que Dios aparece profundamente comprometido con la historia con los asuntos humanos, con la ecología, la geografía, la familia y toda relación del hombre con el hombre.

Es un Dios que no cabe en las imágenes de la mente, ni en los reflejos de la luna sobre las aguas del lago. Es un Dios que no se deja sobornar, sino al contrario mueve y quema a sus creyentes, porque no está desligado de las actitudes fundamentales humanas ni de los valores superiores de la especie. No se le puede adorar sin estar comprometido con la verdad, la justicia, el amor, la libertad y la independencia, ya que creer en este Dios y dejar de crecer y de autotransformarse sería sacrilegio y hasta pecado contra Él, y contra uno mismo. Es el Dios del fuego que pide que sus creyentes ardan como antorchas vivas de amor, de pasión y de entusiasmo.

LAS CARACTERÍSTICAS DE LA RELIGIOSIDAD MADURA

La religiosidad madura concibe a un Dios comprometido con todo lo humano, por eso no lo concibe en un lugar lejano más allá de las nubes.

Aunque tampoco lo entiende con envuelto de los manipuleos de la magia de la mente, como si fuese un fetiche al que se le pueden robar sus poderes y sus energías divinas.

Al estar este Dios comprometido con el espacio, y con el tiempo, donde se mueve la historia humana, exige en definitiva que se le busque en su obra, en su encarnación en todas las formas de vida que existen.

Por estas razones, el tercer tipo de religiosidad plantea el problema siguiente: ¿Dónde buscar a Dios, dónde encontrarlo, y el lugar exacto de su ubicación?

LA LEYENDA DE SAN DIMITRI

Se cuenta que Dimitri vivió obsesionado mucho tiempo con el deseo de tener una cita con Dios aquí en la tierra, antes de morir. Y en sus oraciones, dentro de su celda húmeda fría, continuamente le hablaba pidiéndole el gran favor de encontrarlo.

Una noche, después de insistir en su ruego habitual, con sorpresa escuchó una voz que salía de las piedras del recinto, como respuesta clara a sus peticiones.

- «...Dimitri, escucha, es la voz de tu Dios. Hoy quiero tener una cita contigo en el Monte a las 12 de la noche...»

El religioso, lleno de alegría brincó del rincón donde oraba, sin tardanza tomó su sayal, y salió corriendo a una noche lluviosa y fría. Eran las nueve de la noche cuando salió del convento. Después de caminar un rato se encontró entre el fango del camino, a dos viejecitos que angustiados le pidieron ayuda para desatorar las ruedas de la carreta.

Y Dimitri, entró en un conflicto de fidelidades, porque si se quedaba a desatascar la carreta corría el riesgo de llegar tarde a su cita con Dios. Sin embargo, viéndoles a los ojos no pudo dejar desamparados a los dos viejos, y se quedó a ayudarles.

Tan pronto colocó la carreta en tierra firme, corrió buscando a Dios, y llegó a la cima del monte a las doce treinta minutos. La noche estaba llena de estrellas, se oía el sostenido gotear de los árboles en los charcos y el canto de los grillos. Dimitri, le gritó a Dios: - «Señor, es tu hijo Dimitri, que viene a la cita contigo»-. Pero sólo respondió el silencio y los ruidos de la noche... Dios no estaba.

TRES INTERPRETACIONES

La religiosidad de la riqueza, afirma que obviamente, Dios no estuvo, porque Dimitri cometió una falta de respeto a la divinidad, puesto que por meterse en problemas de poca monta llegó tarde a la cita, y a Dios no se le debe hacer esperar.

La religiosidad de la pobreza, interpreta este hecho en la siguiente forma. Dios no acudió a la cita, porque Dimitri, no había sufrido previamente con ayunos y abstinencias, y eso le disgustó a Dios, y por tal razón no acudió a la cita.

La religiosidad madura o de tercer tipo piensa totalmente distinto a las otras dos porque parte del supuesto siguiente: Dios no se encuentra con Dimitri en la cita de las 12 de la noche, sencillamente, porque se le apareció a la salida del convento en forma de hermanos necesitados, en forma de viejos angustiados con una carreta atorada.

Para los creyentes del tercer tipo, les cuesta trabajo acudir al cerro a hablar con el Dios de los cielos, porque saben que en esta vida hay demasiadas carretas atoradas, y muchos hermanos que gritan reclamando ayuda. Prefieren por lo tanto buscar a Dios en la esposa, en los hijos, y en los vecinos, y sentir que se manifiesta en la fábrica y en los conflictos sociales exigiendo amor, verdad y justicia.

CONCLUSIÓN HECHIZOS DE LA MENTE

En los capítulos anteriores fuimos viendo cómo la mente es susceptible y moldeable, porque en su esencia no puede llegar a conocer los territorios de la realidad en vivo y en directo, sino a través de los mapas de las ideas que se le van imprimiendo a lo largo del tiempo y del aprendizaje.

La mente, en otras palabras, se hechiza cuando confunde los mapas con los territorios, los modelos con los objetos que se están investigando, y las teorías con las realidades. Los hechizos de la mente hacen daño, cuando en las relaciones humanas las personas deciden relacionarse con las ideas que han conceptualizado de las personas, más que con las personas que ríen y lloran, aman y odian, fuera de la cabeza. Y en relación con este suceso de todos los días, donde los otros quedan reducidos al tamaño de las ideas que tenemos de ellos, resulta explicable, porque es mil veces más fácil relacionarnos con un concepto mental, que con una persona real, porque los conceptos son fijos, mientras que las personas cambian, se mueven y son parte del flujo de la vida.

Es cierto, amar la idea del perro perfecto, es más cómodo, que amar a un perro vivo, que ladra en la noche, ensucia y rompe las cortinas. Las ideas son sutiles, fáciles, porque mientras nos van hechizando se van haciendo parte de nosotros, y llega el momento de que al estar dentro de la cabeza, pensamos que somos ellas y ellas nosotros, cuando en el fondo son intrusas, y extranjeras a nuestra esencia porque vienen de fuera.

Pero, una vez que se instalaron en el fondo de nosotros mismos, se simbolizan a nuestra mente y acaban embrujándonos con sus contenidos y con sus formas, y por eso la idea del perro resulta más cómoda que la realidad, porque ya nos modeló, y además porque el concepto no ensucia ni el piso ni la alfombra.

EL ROMPIMIENTO DEL HECHIZO

En el capítulo de las serpientes y las mangostas se dijo, que lo sano, finalmente consistía en acabar con toda la imaginería, para estar limpios al ver la realidad extramental. Y según lo anterior, el primer paso de la limpieza se daba cuestionando todas las ideas negativas, para ir matando las serpientes. El segundo paso, más difícil, consistía, en reducir las creencias positivas, o mangostas, para acercarse a la actitud de fe en la vida. La fe en la vida, se constata cuando las personas se atreven a gritar un gracias por todo lo que han vivido, y a pronunciar un sí definitivo, a todo lo que haya de venir. Es decir, las creencias son vehículos hacia la fe, y son perfectas cuando sacan del alma esa actitud bravia, de riesgo y de compromiso con todas las realidades.

Sin embargo, mientras la mente no tenga fuerza para romper los hechizos, le conviene vivir de hechizos positivos, y le urge despertar ante los negativos, porque si las personas han de seguir dormidas, es mejor que duerman con dulces sueños, que se atormenten con pesadillas…

Aunque la única solución, y el único rompimiento de los hechizos, consiste no en cambiar la posición de la cabeza sobre la almohada, sino en despertar y ver lúcidamente despejado del peso de los sueños, la realidad.

EL ZORRO Y EL TIGRE: LOS DOS HECHIZOS

Siempre he pensado que no podemos dejar de distorsionar lo que vemos, porque no podemos ser fácilmente objetivos y justos, pero si en los hechizos no nos queda otra alternativa, debemos buscar la distorsión a favor de los valores, de la vida y de los demás, porque el cerebro, cuando pierde la fe y la esperanza, comienza su camino a la destrucción.

Estoy convencido que la vida sin fe y sin esperanza se pierde, se pudre, y no fructifica, por eso siempre ofrece alternativas, caminos, nuevas soluciones, y horizontes.

En conexión con todo esto, la verdad es que Dios no hace cárceles, sino caminos y caminos, para que cada quien encuentre el suyo, así cruzarse con nosotros en un atajo, en un recodo, en cualquier momento. Pero todo depende de la actitud y del grado de lucidez que las personas vayan conquistando en su vida interior...

Se cuenta de un caminante, que al pasar cerca de un bosque, vio a la entrada del pinar un zorro tirado en el suelo, con su mirada tierna y angustiada porque no tenía las extremidades superiores ni las inferiores.

El zorro estaba totalmente mutilado, convertido en queja y en hambre.

El hombre se impresionó al verlo con el hocico pegado al polvo, y se preguntó cómo le haría Dios o la vida, para alimentar al zorro, sacarlo adelante y mantenerlo vivo.

Mientras estaba en estas cavilaciones, oyó ruidos de ramas y de hojas entre el bosque, cuando vio a un tigre que se acercaba al zorro con un pedazo de carne entre las fauces. El tigre comió y luego dio de comer al zorro.

El caminante se sorprendió ante este suceso prodigioso, y lo entendió como una respuesta de Dios y de la vida, a los pensamientos y dudas que momentos antes había concebido. Sin embargo, quiso esperarse, y constatar si era Dios el que estaba dando respuesta a la pregunta: ¿quién salvará al zorro? Por esto, permaneció durante la noche junto al bosque, y notó que a la mañana siguiente reapareció el tigre con carne fresca para alimentar al zorro. Con esta segunda prueba de la vida y de la divinidad quedó mentalmente convencido: Dios salva, la vida está a favor de los que creen en ella... Y en consecuencia a su descubrimiento, cortó ramas de pino, juntó piedras, e hizo un resguardo para ponerse a esperar que se le hiciera a él, las gracias y los favores que se le habían concedido al zorro mutilado.

Y esperó pacientemente una semana y dos semanas, mientras pensaba en los remolinos de su mente hechizada, que tigres voladores bajarían de los cielos con comida, ropa, alimentos y toda clase de remedios contra la tristeza y la depresión; sin embargo, el tiempo pasaba, y en el cielo únicamente había nubes y viento.

El caminante, debilitado por el hambre y la sed, al final de la cuarta semana escuchó una voz que retumbó en sus sueños y entre los pinos...

-Oye bien: Abre bien tus oídos y escucha la voz de Dios, tú que te has equivocado completamente en las señales de la vida. De todo lo que viste junto al bosque no entendiste nada. Mira, deja ya de imitar al zorro. Sigue el ejemplo del tigre y lo tendrás todo en la vida. Imita a tigre.

Despierta de tus sueños y de tus hechizos y me verás caminando junto a ti vayas donde vayas.

Impreso y encuadernado por Edamsa Impresiones S.A. de C.V.
Av. Hidalgo No. 111, Col. Fracc. San Nicolás Tolentino
C.P. 09850, Del. Iztapalapa, México, D.F.,
en el mes de noviembre de 2009.